VW fahren

Ein fröhliches Wörterbuch für den Autofahrer,
dessen Auto läuft und läuft und läuft
und nicht er selber.

Von Wolfgang Steinberg
mit Zeichnungen von Klaus Pitter

TOMUS

Satz: DTP-Dompteuse
Druck und Bindung:
Sebald Sachsendruck und Verlag GmbH, Plauen
2 3 4 5 6 99 98 97 96 95
Auflage Jahr
(jeweils erste und letzte Zahl maßgeblich)

ISBN 3-8231-1018-7

100
80
PiTiER

Abschleppseil

A

Abrollkomfort	Bezeichnung für den Komfort der Fahrzeuginsassen beim Abrollen des VW. Z. B. beim einfachen Überschlag, allerdings nicht beim doppelten Salto mit Schraube. Anfänger benutzen als Sicherheitsnetz ausfahrbare Kissen (siehe auch Airbag), die im Falle eines Falles den Sturz mildern.
Abschleppseil	Bezeichnung für aus dünnen Fasern zusammengedrehtes Gebilde, mit dem früher alle VW-Typen abgeschleppt werden konnten. Nachdem allerdings heute mehr und mehr Modelle aufgrund der großen Zahl sicherheitstechnischer Zusatzausstattungen leichtes „Übergewicht" angesetzt haben, muß man für die schwergewichtigen Topmodelle eher „Abschlepptrossen" bzw. „Abschleppketten" einsetzen.
Abt	Kirchlicher Würdenträger und Vorsitzender eines Klosterordens. Bei VW Vorsitzender des VW-Veredlerordens und Tuningschmieder. Seine Tätigkeit spielt sich natürlich mehr in der Werkstatt und auf der Straße ab als in der Kirche und im Kloster.
Adrenalin	Notwendiges Lebenselixier. Was für das VW-Fahrzeug sein Benzin, ist das Adrenalin für den VW-Fahrer.
Aerodynamik-Paket	Ausstattungspakete zur Verbesserung der Windschlüpfrigkeit. Wird von VW für Hobby-Bastler angeboten. Beinhaltet entweder ein Buch mit schlüpfrigen Witzen oder eine Anlage zur entsprechenden Anpassung der Außenhaut.
Airbag	Aufblasbare Pralltüte. Erinnert stark an die guten alten Brötchentüten, die, von Kindern manipuliert, meist nach dem Aufblasen mit einem kräftigen Knall zusammenfallen. Beim A. ist es allerdings so, daß der Knall zuerst und dann erst das Aufblasen der zusammengefalteten Tüte kommt.
Aktie	Börsennotierter Anteilsschein an einem Unternehmen. Bei VW kamen auch die Mitarbeiter in den Genuß dieser Volks(wagen)aktien. Inzwi-

	schen sollen aber mehr als 50% der Belegschaft ihre Anteile an der Börse wieder verkauft haben, so daß es sich nun wieder um normale Aktien handelt.
Alkohol	Einzigartiger Treibstoff. Verträgt sowohl der VW als auch sein Fahrer. Der gemeinsame Genuß führt allerdings während der Fahrt zu Problemen.
Allradkübel	Allradgetriebenes VW-Modell, offiziell Typ 287. Aufgrund seiner Form auch Kübel genannt. Blumenkübel sind also entsprechend blumengetriebene Modelle.
Aquaplaning	Feuchte Rutschpartie für VW-Fahrer, wenn sie bei schauerartigem Regen die Bremse nicht finden oder, noch schlimmer, wenn sie sie finden.
ARVW	Abkürzung für **A**erodynamic **R**esearch **VW**. Zeigt, daß auch dieses kerndeutsche Unternehmen sich amerikanischer Fachausdrücke bedient, um einfache technische Zusammenhänge international bekannt zu machen.
Aschbecher	Antiquierte Ausstattung von VWs, verwandt mit der Aschentonne. Kommt auch nur uralte Asche rein.
Audi	1. Lateinisches Wort für „Höre!“ und süddeutsche VW-Schwesterfirma. Deshalb klingen manche Motorversionen dieses Fahrzeugtyps auch so kernig. 2. Abkürzung für **Au**ch **di**eser ist ein Wagen für unser Volk, wenn er von ihm bezahlt wird.
Audi 50	Edel-Polo. Wurde von VW in Wolfsburg gebaut. Manche Leute behaupten, der größte Unterschied zwischen einem VW Polo (siehe dort) und einem Audi 50 sei in den Markenzeichen am Kühlergrill zu sehen gewesen und natürlich auch im Preis.
Aufkleber	1. Bei Automobilen oftmals benutztes aufklebbares Utensil zum Verstecken der Karosserie. Bei VW-Fahrern eher ungeliebt. Schließlich möchte der VW-Besitzer zu Recht sein Fahrzeug völlig komplett der Öffentlichkeit präsentieren.

Allradkübel

	2. Individuelle Erkennungszeichen bei Automobilen, deren Aufdrukke von den Verkehrsteilnehmern als unterhaltsame Lektüre wahrgenommen werden. Besonders beliebt ist bei VW-Fahrern der bescheidene Hinweis auf dem Sticker „Man gönnt sich ja sonst nichts". Was keine Rückschlüsse auf den Kaufpreis zuläßt.
Außentemperaturanzeige	Anzeigeinstrument auf der Außenhaut eines VW, um Passanten oder etwa Einsteigewilligen die Temperatur im Fahrzeug und damit die zu empfehlende optimale Bekleidungsart anzuzeigen.
Autobahn	Beliebte Straßen für jene Fahrer, die in kürzester Zeit weit kommen möchten. Gegenteil von Bundesbahn. Jedoch: Bei Staus bietet sich die Bundesbahn als Alternative zur Autobahn an.
Autogramm	Gewichtseinheit in Wolfsburg: Ein Käfer (siehe dort) brachte ungefähr 900.000.000 Autogramm auf die Waage.
Autolatina	VW-Schwester in Brasilien, baute auch mal den Käfer. Heute verläßt dort der GOL das Fließband, das heißt Tor und ist ein Verschnitt aus Golf (vorne) und Passat-Fließheck (hinten). Damit können diese Fahrzeuge gleich zwei Käuferzielgruppen befriedigen, allerdings jedesmal nur von einer Blickrichtung.
Autolatrina	Erfindung des Emdener VW-Mitarbeiters Hubert Brösel, die es begeisterten Wassertrinkern ermöglicht, eine längere Urlaubsreise ohne „Entsorgungsstop" durchzustehen.
Automatik	Besondere Form der Gangschaltung. Für jene, die nicht schnell schalten können oder wollen, verwaltet sie selbständig alle Gänge und gilt als menschenfreundliche Erfindung der Unabhängigkeit des Fahrzeugführers vom Schaltknüppel.
Autoradio	Technisches Ausstattungsdetail eines Autos, welches Töne und Klangfolgen wiedergibt. Bei VW erinnerte man sich an griechische Klänge und benannte die Radiomodelle nach dem griechischen Alphabet: alpha, beta, delta, gamma. Allerdings ohne omega (siehe fröhliches Wörterbuch Opel fahren).

Autobahn
Ist doch ein ganz anderes Fahrgefühl, seitdem die Autoindustrie kolabiert ist.

Batterie

Autoradiobetrieb	Besondere Form der Automatik, also des fahrerlosen Betriebs. Vor allem bei längeren Stauphasen wird gerne und oft auf Radiobetrieb geschaltet.
Autorecycling	Familieninterner Umweltschutz, den ein VW-Fahrer gern praktiziert. Beim Kauf des neuen Modells übergibt er das „alte“ Auto nicht dem Schrotthändler, sondern dem Sohn oder der Tochter.
Autotelefon	1. Allgemein: Mobile Lösung für ein Telefon, nachdem sich eine aus Rädern und Motor bestehende Zusatzausstattung für Telefonzellen nicht bewährt hat. 2. Kommunikationseinrichtung in VWs. Nimmt dem Fahrer das lästige Wählen, Anrufen, Sprechen und Auflegen etc. ab. Geht alles von allein.

B

Batterie	1. 12-Volt-Spannungserzeugerin. Bei VW-Modellen waren's früher mal 6 Volt. Dabei war es dann halb so spannend wie heute. 2. 12-Volt-Spannungserzeugerin. Sie setzt die Elektrik im VW unter Spannung. Der Fahrer selbst wird hingegen erst angespannt, wenn sie ausfällt. 3. Andere Bezeichnungsform für „Elektronengaleere“.
Batteriekabel	1. Kabel, welches in eine Legebatterie führt. 2. Entwicklung von VW, bei der ein Kabel als Stromspannungsspeicher genügt. Damit entfällt das lästige Nachfüllen der Batterie. Nachteil: Von anderen Kabeln nicht zu unterscheiden.
Beetle	Laut Wörterbuch englisches Wort für Käfer und auch für Holzhammer. Nicht zu verwechseln mit Beatle, schließlich verwechselt man ja auch nicht Käfer mit Käufer.
Beifahrer	1. Müßte eigentlich Dabei- oder Nebenfahrer heißen, da er immer aktiv am Geschehen teilnimmt.

2. Person auf dem Beifahrersitz, die zwar schlaue Kommentare zum Fahrstil abgeben kann, aber nicht selber fährt. Lieber kann es dem Fahrer dann sein, wenn diese Person Ruhe gibt, einfach einnickt und so vom Beifahrer zum Beischläfer wird.
3. Person zur Abnutzung des Beifahrersitzes.

Beifahrersitz-Höhenverstellung

1. Erfindung von James Bond. Hatte in seinem Aston Martin eine raketenbetriebene Beifahrersitz-Höhenverstellung. Premiere ging schief – Beifahrer flog samt Sitz durchs Dach.
2. Niveauanhebung des Beifahrers auf Fahrerniveau im VW. Hat der Beifahrer einen Volksschulabschluß und der Fahrer Abitur, geht es jedoch nicht, da nur eine Niveauanhebung auf Realschulabschluß möglich ist.

Berlin-Rom-Auto

Erster Sport-Käfer von 1939. Wurde für die Fernfahrt von Berlin nach Rom gebaut. Fand allerdings vorher nicht den Weg von Wolfsburg nach Berlin, so daß man auf ihn verzichten mußte.

Beschleunigungsvermögen

Einzigartiges Käfer-Ausstattungsmerkmal von 1957, das heute nicht mehr erreicht wird: „Hohes Beschleunigungsvermögen! Bei üblicher Schalt- und Fahrweise in 22 sec. auf 80 km/h!“

Blumenvase

Beliebtes Innenraumgestaltungselement in Käfern der 50er Jahre. Laut Betriebsanleitung wurde darauf hingewiesen, nur solche Blumen und Zweige in die Vase zu stecken, die den Käfern Nahrung oder zumindest Gefallen bereiteten.
Da Brehms Tierleben leider keine genaue Aussage über die Vorlieben der Käfer aus Wolfsburg lieferte, benutzten die meisten Käufer Plastikblumen als käferneutrales Gewächs.

Botanisiertrommel

Ausdruck aus der Botanik. Bezeichnet die Box zum Sammeln von Insekten und Käfern (siehe dort). Bei VW deshalb auch Bezeichnung für Lagerhallen.

Boxen

Bezeichnung für zu kleine Parkbuchten für PKWs (jedoch damit nicht für alle VW). Meist aber paarweise im Innenraum angebracht zum Übertönen des Motorgeräusches.

Boxen

Brezel

Boxer	Spezielle Ausstattung der ersten VW-Modelle. Dabei fuhr im Heck (siehe auch „Heckmotor") immer ein Boxer mit, der in brenzligen Verkehrssituationen zum Einsatz kam und sich durchboxte. Der VW-Käfer-Slogan (siehe dort) hätte auch eigentlich heißen sollen „... und boxt und boxt und boxt ...".
Brasilia	VW-Modellbezeichnung in Brasilien. Bemerkenswert ist, daß Brasilien eine Stadt nach dem Fahrzeug benannte und den Regierungssitz dorthin verlegte. In Deutschland müßte also entweder der Käfer Bonn geheißen haben oder die deutsche Hauptstadt Berlin in Golf umbenannt werden. Zumindest für eine mögliche Olympiasportart Golf hätte das positive Effekte.
Braunschweig	Gemeinde in Niedersachsen. Ein historischer Ort der „Gezuvor", dem Vor(bereitungs)werk der Werke in Wolfsburg. Hat allerdings als Stadttier den Löwen, deshalb mußte sie leider auf das Volkswagenwerk verzichten.
Breitreifen	Art der Bereifungsform eines VW. Autos haben eine Standardbereifung, mal schmäler, mal breiter. Käufer, die eigentlich lieber eine Straßenwalze gehabt hätten, kaufen die ganz breiten – eben die Breitreifen.
Brett	Bezeichnung für eine flache Holzscheibe. Hat designmäßig natürlich nichts mit dem VW-Käfer zu tun, der ja eher rund aussieht und nicht aus Holz ist. Trotzdem wird ihm attestiert, daß er wie ein Brett auf der Straße liegt.
Brezel	Doppelscheibiges Rückfenster am ersten Käfer. Schließlich hat der Mensch ja auch zwei Augen. Im März 1953 abgelöst durch die ovale Heckscheibe eines Zyklopen. (Allerdings nicht überall. Im Münchner Hofbräuhaus kann man die Maß Bier noch heute mit Brezel bestellen, ovale Heckscheiben wären für die Tische wohl zu groß.)
Buggy	Ehemaliges VW-Modell für sandigen Untergrund. Heute: Flaches, vierrädriges Gefährt, ohne Motor (!), mit Griff, zum Schieben (?), Fahrer: meist junge Mutter oder junger Vater (aha!).

Cabrio

Bulli

1. VW-Bus. Ein beliebter Transporter mit praktischer Schiebetür. Vielseitig verwendbar: Als Studentenbude, Band- und Roadiefahrzeug, Kleinspeditions-Firma, Verbrecherbeförderer der Polizei und als mit Gardinen geschmückter Wohnwagen.
2. Liebevolle Bezeichnung für den ersten VW-Transporter. In der Bus-Version, mit Scheiben für die Rundumsicht und drei Sitzbänken für viele Passagiere, erreichte er eine Transportkapazität, an die so manche der um die Verkäufergunst kämpfende sogenannte Großraum-Limousine heute noch nicht herankommt.

Bully

Originalschreibweise des VW-Bulli (siehe dort). Im Katalog allerdings firmiert er seit 1952 unter VW-Transporter, obwohl Bulli oder Bully eindeutig besser klingt. Der Grund liegt in dem Namensverwechslungsproblem mit dem Bulldog, einem Schlepper der Firma Lanz.

Bus

Allgemeine Bezeichnung für einen LKW mit vielen Scheiben und mehreren Sitzbänken. Bei VW volkstümliche Bezeichnung für einen Käfer mit LKW-Aufbau mit vielen Scheiben und drei Sitzbänken.

C

Cabrio

1. Spezieller VW ohne Dach. Nachteil: Das Mitführen von Dachlast jeglicher Art ist nicht möglich. Dafür sollte der Fahrer jedoch stets einen Satz Regenkleidung im Gepäck haben. Vorteil: Andere Verkehrsteilnehmer kommen auch in den Musikgenuß der hervorragenden VW-Autoradios, und der Fahrer erhält zudem eine windschnittige Frisur. Glatzköpfige Fahrer sollten sich im Sommer jedoch vor Sonnenbrand behüten.
2. Eines der schönsten dieser „Frisch-Luft-Autos“ ist zweifellos das Käfer-Cabrio von Volkswagen. Allerdings weist es, wie alle anderen Cabrios auch, einen erheblichen Nachteil auf. Vollbesetzt lassen sich Urlaubsreisen nur dann durchführen, wenn die Passagiere einen Großteil des Gepäcks auf dem Kopf balancieren, und das ist schwierig, schwierig, schwierig.

Cabrio-Fahrer	1. Exhibitionistisch veranlagter VW-Fahrer, der sich seinen Zeitgenossen immer offenbaren muß. 2. Berufsoptimist. Schätzt das Wetter deshalb in der Regel falsch ein: es regnet meist in Deutschen Landen. 3. VW-Fahrer, die einen inneren Drang verspüren, die positive Aufmerksamkeit der Mitmenschen auch beim Autofahren zu erregen. Reicht die äußere Erscheinung dieser Personen zum Erreichen dieses Ziels nicht aus, so machen sie Faxen, zeigen ihre Zungen oder spielen mit Kasperle-Puppen. Wenn dies alles nichts hilft, muß die Stereoanlage für die erwünschte Aufmerksamkeit sorgen.
Cabrio-Fans	Bezeichnung für besonders ausgeflippte VW-Anhänger, die ihren VWs das Dach vom Leibe reißen.
Cabriolet	Besondere Bezeichnung bei VW für ein Cabrio. Das angehängte „let“ steht nicht für die Beatles-Textzeile „Let it be“, auch wenn in diesem Fahrzeug wirklich Musik drin steckt.
Caddy	Begriff aus dem Golfsport. Bezeichnet die Person, die als Lastenträger dem Golfspieler folgen darf. Bei VW ist der Caddy ein Lastträger oder auch Pick-Up auf Basis des VW Golf, welcher nicht nur Golfbälle aufpickt.
Car-Sharing	Besondere Form der gemeinsamen Nutzung von Kleinfahrzeugen, meist Polo oder Golf. Mehrere Leute kaufen sich zusammen ein Auto und nutzen es gemeinsam. Z.B. bekommt montags Willi die Räder, den Beifahrersitz und die Kofferraumklappe, Erna die Batterie, das Lenkrad und den Auspuff.
Choke	Anlasser. Häufig bei älteren VW-Modellen zu finden. Während der Fahrt darf man ihn jedoch nicht anlassen, sonst gibt er Anlaß zu erhöhtem Benzinverbrauch.
Chronik **1934 22. Juni**	Startdatum der unendlichen Käfergeschichte. Der Gründer der späteren Sportwagenfirma Porsche schließt einen Vertrag mit dem RDA (Reichsverband der Automobilindustrie) zur Entwicklung eines Massenautos, welches unter 1.000 RM kosten sollte.

Cabrio-Fahrer

1937 28. Mai	Gründung der Gezuvor, zu der man zuvor ging, bevor das eigentliche Werk gebaut wurde.
1938 26. Mai	Grundsteinlegung des KdF-Werks (siehe dort, am Himmelfahrtstag!)
1938	Erster Katalog des KdF-Wagens erscheint, welcher damals wie ein heutiger Katalog einer Luxusmarke bewundert wurde: „Antrieb: Auf Hinterräder. ... Schmierung: Die wenigen Schmierstellen des KdF-Wagens sind mit Schmiernippeln ausgestattet. ... Reifengröße: Vorn und hinten 4,5/16. ... Eigengewicht: 650 kg fahrfertig. ... Karosserie: In Ganzstahlausführung der Stromlinienform weitgehend angenähert. Sie bietet bequem Platz für 4 Personen. Selbst auf längeren Reisen können 4 Erwachsene und 1 Kind mit Gepäck gut untergebracht werden. Lackierung: Blaugrau.“
1938 1. Juli	Gründung der „Stadt des KdF-Wagens“. Damit wurde die erste Stadt für ein Auto gebaut, während sonst in den Städten mühsam für die Autos asphaltierte Schneisen ins Häusermeer geschlagen wurden.
1938 1. August	Die private Spareraktion zum Erwerb eines KdF-Wagens beginnt. Einzigartig, heute werden die Nachfolger wie die Konkurrenzmodelle eher auf Pump gekauft.
1939 April	Produktion beginnt, allerdings nicht als Massenauto.
1945 25. Mai	Der Ort wird in Wolfsburg umbenannt, da die Kraft-durch-Freude irgendwie abgewirtschaftet hatte.
1948 1. Januar	Der Generaldirektor Nordhoff wird eingestellt, und damit beginnt die eigentliche Käfer-Erfolgsstory.
1951 30. Januar	Ferdinand Porsche verstirbt, nicht ohne vorher eine eigene Autofabrikation in Schwaben aufgebaut zu haben.
1960 22. August	Volks-Wagen wird Aktiengesellschaft, natürlich mit 60% Volks-Aktien.

1938 1. August

Computer

1961	Entscheidendes Nachkriegsurteil bezüglich der Vorkriegs-KdF-Sparverträge: 120.573 anerkannte Sparer, die allerdings nur 150 bis 600 DM Preisnachlaß für einen neuen Käfer oder 25 bis 100 DM in bar erhielten.
1965 5. Januar	Die ehemals sächsisch-bayrische Auto-Union wird von Mercedes-Benz aufgekauft.
1969 21. August	Beteiligung von VW an der neuen Audi NSU Auto Union AG.
1978	10.000 Golf werden in die DDR verkauft. Im Gegenzug kommen später jede Menge Polo-Motoren.
1978 10. April	Werk Westmoreland/Pennsylvania in USA eröffnet, welches den Rabbit (siehe dort) baut.
1986 21. Februar	Seat wird als spanische Tochter gekauft, um dem soliden, manchmal auch als bieder bezeichneten Image von VW spanisches Temperament einzuhauchen.
1988	50-Jahrfeier, was sonst.
1995	Ersterscheinung dieses Wörterbuches.
1999	Die 999. Auflage dieses Bestsellers verläßt die Druckerei.

Code	Sicherheits-Zahlenkombination zur Inbetriebnahme eines Radios im VW. Vergißt du sie – vergiß es!
Computer	1. Bord-Rechner in einem fahrbaren Büro. Für die Programmierung darf der EDV-Experte des VWfahrenden Chefs im Kofferraum Platz nehmen, während sich seine Sekretärin auf der Rückbank mit dem Anwenderprogramm beschäftigt. Vernimmt der Fahrer nun allerdings verdächtige Crashgeräusche, so muß nicht er selbst in einen Unfall verwickelt sein, sondern nur seine Angestellte im Computerspiel. 2. Entwickelt als Instrument gegen die Langeweile der mitfahrenden Kinder. Inzwischen entdeckt auch der VW-Fahrer selbst das Kind im Manne und kauft sich einen festinstallierten Bordcomputer im VW.

Corrado

Der VW-Sportwagen! Aber nicht aus Wolfsburg, sondern aus Osnabrück. Einzigartig, weil er sowohl Sprintstärken, Stehvermögen und Sprungeigenschaften aufweist: „Erleben Sie jetzt den Zehnkämpfer unter den Sportwagen", sagt die VW-Werbung.

D

Dachgepäckträger

1. Allgemein: Dienstmann auf dem Camping-Platz, der das Dachgepäck trägt.
2. Dienstmann, der auf dem VW-Dach sitzt und Gepäck trägt.
3. VW-Ausstattungsdetail zur Verschönerung der Fahrzeuge oder zur Verschlechterung der Aerodynamik.

Dasher

Bezeichnung des Passat in Amerika. Hat nichts mit einem Waschmittel zu tun.

Derby

Polo mit Hinterteil.

Deutschland

Neben den USA eines der autofreundlichsten Länder unserer Erde. Dem widerspricht, daß es in einigen Regionen noch Kinderspielplätze gibt, die noch nicht zu Parkplätzen umgebaut wurden. Das Volk sorgt sich also auch in Zukunft um den Platz seiner Wagen.

Diebstahlsicherung

1. Technisches Meisterstück. Sichert den Diebstahl des VWs, z. B.: offene Tür, steckender Zündschlüssel.
2. Sicherung im Sicherungskasten des VWs, welche beim Diebstahl mit dem Dieb durchbrennt.

DKW

Abkürzung von „**D**ampf**k**raft**w**agen" oder auch im Volksmund „**D**as **k**leine **W**under" oder auch „**D**eutscher **K**inder**w**agen". Lange Zeit das Markenzeichen der Zschopauer Motorenwerke AG (die haben wirklich zuerst Dampfkraftwagen gebaut), bevor es schließlich Teil der Auto-Union AG und damit später von Audi wurde.

Dachgepäckträger

Einkaufswagen

Draht	Moderne VW-Fahrer sind mit drahtlosen Funktelefonen im D-Netz immer auf Draht.
Drehstromlichtmaschine	Lichterzeugende Maschine im VW, die nur funktioniert, wenn der Strom angedreht ist.
Drehzahlbegrenzer	Begrenzt die Drehzahlen des typischen VW-Motors, bevor das VW-Fahrzeug die Höchstgeschwindigkeit erreicht. Sonst würden die Drehzahlen gegen unendlich divergieren und kämen nie zu einem Ende.
Dudu	VW-Käfer, Held von Spielfilmen, in denen er mit menschlicher „Intelligenz" und Hi-Tech-Ausstattung als „Blech-Kamerad" seines Schöpfers immer gegen das Böse kämpft.

E

Ehra Lessin	Wald-und-Wiesen-Gemarkung im ehemaligen Zonenrandgebiet nördlich von Wolfsburg. Bekannt als Übungsgelände für die Deutsche Bundeswehr. Die dortigen Böllerschüsse werden manchmal noch übertönt von Fehlzündungen einiger VW-Versuchsfahrzeuge, die auf dem benachbarten VW-Testgelände ihre Kreise ziehen.
Einkaufswagen	Besonderes Fahrzeug des Volkes, welches nur zum Einkaufen von Lebensmitteln und anderen Gütern des täglichen Bedarfs benutzt wird. Besonders zu beachten sind dabei der Sicherheitskäfig und der Kindersitz. Der Hinterradantrieb allerdings läßt noch einige Verbesserungen zu.
Eis	Gefrorenes Wasser. Gibt es im Winter außerhalb des VW und im Sommer im Innenraum. Eisfans lassen sich einen Eisschrank ins Fahrzeug bauen, um cool zu schlecken, während andere Fahrer im Hochsommer verschwitzt im Stau stecken.
Eisenbahnschienen	Bezeichnung für die Stoßstangen des Käfers ab 1973, welche bei der damaligen Ölkrise zwei Funktionen gleichzeitig verwirklichten. Zum

einen konnten sie als Stoßfänger im Straßenverkehr eingesetzt werden, zum anderen halfen sie an den autofreien Sonntagen die mangelnden Schienenkapazitäten des öffentlichen Nah- und Fernverkehrs zu erhöhen.

Emden

1. Herstellungsort der ostfriesischen VW-Modelle, welche auch Personen ohne Ostfriesenabitur fahren dürfen.
2. Ostfriesischer Standort eines berühmten VW-Werkes. Gerüchten zufolge war dort neben Wolfsburg eine weitere Entwicklungsabteilung geplant. Dieser Plan wurde jedoch aufgegeben, als bei einem Wettbewerb zur Kosteneinsparung bei der Produktion von den dortigen Mitarbeitern Vorschläge wie:
- Weglassen eines der vier Räder,
- Einsparen der Karosserie und
- Ersetzen des Motors durch einen Hamster im Laufrad kamen.

Energiebündel

Kleine und mittlere verkaufsstarke VW-Modelle, die das Volk auf Kosten gebündelter Scheine energisch fortbewegt.

Erste Hilfe

VW-Fahrer sind sehr hilfsbereit, denn sie haben immer einen Erste-Hilfe-Koffer in ihrem Fahrzeug. Sind unter den Fahrgästen nun kleine Kinder, so bekommen diese keine Langeweile und brauchen nicht zu quengeln. Der Fahrer bietet ihnen nämlich sein Erste-Hilfe-Set an, und schon sind die lieben Kleinen mit Doktorspielen beschäftigt.

Export

Sammelbegriff für alle aus Deutschland ausgeführten Waren. Der VW hat sich als Exportschlager erwiesen und stürmt die internationalen Hitparaden. Daß er viele andere Autos aus dem Rennen schlägt, ist nicht tragisch, denn VW-Fahrer werden immer noch häufig überholt.

F

Fachverkäufer	Ein guter VW-Fachverkäufer bietet natürlich immer die (er)volks(wagen)orientierte Beratung.
Fahrbahn	Übungsstrecke für Staubsaugerpiloten.
Fahrer	Individuum der Spezies Mensch, welches ein Fahrzeug bewegt. Einer der typischen VW-Fahrer heißt Otto-Normal-Verbraucher. Das gibt den Hinweis auf seine Kraftstoffwahl. Auch Lieschen Müller tankt schließlich nicht Milch.
Fahrer, typischer	Typisch an ihm ist, daß er VW fährt.
Fahrstil	1. Ausdruck für die VW-Fahrweise, wofür es manchmal vom Straßenrand Kürnoten gibt. 2. Neben dem Fahrrad und dem Fahrstuhl gängiges Fortbewegungsmittel. Auf ihm sitzt die Hexe und reitet zum Blocksberg im Harz, südlich von Wolfsburg.
Fallersleben	Ein ehemals von Mücken verseuchtes Sumpfgelände am Mittellandkanal. Hoffmann von Fallersleben dichtete deshalb nicht über diesen Landstrich, sondern lieber über ganz Deutschland. Dies kam schließlich auch dem ganzen Volk zugute.
Familienfahrzeug	Automobil für die ganze Familie. Als Familienwagen eignet sich der VW oft so gut wie kein anderer Wagen. Schenken die Eltern ihren volljährigen Zöglingen einen kleinen VW, so können Mami und Papi ihren eigenen Wagen behalten, und der Familienfriede ist gerettet. Kleineren Kindern muß man dagegen schon etwas mehr an Auto bieten, nicht nur für die Spielzeugkiste, sondern damit sie vor allem im Kindergarten mit der Modellangabe auch imponieren können.
Fernsehen	Die Fernsicht des VW-Fahrers übernimmt das Fernsehen. Durch weltweite TV-Übertragungen ist es den Augen des Fahrers nämlich überlegen. Installiert er ein Fernsehgerät am Armaturenbrett, so braucht er

Fahrer, typischer

	nicht ins heimische Wohnzimmer zurückkehren, sondern darf auf Achse bleiben.
Feuerlöscher	Gegenspieler des Zigarrenanzünders in einem VW. Während jener die Zigarren (u. a.) zündet, kann der Feuerlöscher vor oder während des Gebrauchs löschen.
Fließband	Musikgruppe zur Unterhaltung der Arbeiter an den VW-Montagestraßen.
Flüchtlingsporsche	Bezeichnung für einen VW, vor dem die anderen Autofahrer flüchteten, so aggressiv war er. Oder warum sind sie sonst geflüchtet?
Föhn	Einzige südliche Windart, die nicht von VW für deren Modelle (wie Scirocco, Corrado, Passat, Vento) benutzt wird.
Forschungsauto	Autos, die gebaut werden, um zu forschen. Folgerichtig werden sie nicht gebaut und verkauft. Sonst hießen sie ja auch Verkaufsautos.
Frauen	Im Zuge der Frauenbewegung nutzen Frauen kleinere VW-Modelle gerne als Einkaufswagen. Da die Frauen sich für die Gleichberechtigung einsetzen, lassen sie auch mal ihre Männer den Einkaufswagen schieben. Leider kommen diese dabei selten zum Zuge, denn bei den heutigen VWs ist ein Anschieben nur noch in Ausnahmefällen erforderlich oder sogar schädlich.
Fusca	Brasilianische Käferart. Nur dort vorkommend. Zum Teil von Käferlieblingen nach Deutschland importiert.
Fußmatten	Ausstattungsplanung für die Vorkriegskäfer. Sollten als Ersatz für Schuhe in Notzeiten auch zur notwendigen Fußumwicklung dienen.
Futura	VW-Forschungsauto. Stand auf der IAA 1989. Futuristisch war vor allem der Preis.

Feuerlöscher

G

Gang

1. Bezeichnung für die Übersetzung des Getriebes in Relation zur Motordrehzahl. Es gibt ihrer vier oder fünf (oder auch sechs) für die Vorwärtsrichtung, und zum kleinen Richtungsausgleich bietet VW auch noch einen Rückwärtsgang.
2. Bezeichnung für Jugendbanden in Wolfsburger Arbeitervierteln.
3. Irreführende Bezeichnung, da der VW gar keinen Gang hat. Denn er geht ja nicht, sondern er fährt.
4. Bezeichnung für Fortbewegungsarten. Während ein Pferd 1 PS mit drei Gängen aufweist, hat ein VW z. B. mit 150 PS derer nur fünf (plus ein Rückwärtsgang), rein rechnerisch also 445 Gänge weniger.

Gangschaltung

Bezeichnung für den Umstieg von einer Gangart in eine andere, wie zum Beispiel beim Pferd von Trab in Galopp. Der VW-Käfer konnte eine ganz besondere Fortbewegungsdynamik im Vergleich zum gemeinen Krabbeltier aufweisen, da er bis zu fünf Gänge hatte. Inklusive Rückwärtsgang bringt es z. B. der Marienkäfer nur auf zwei.

Ganzjahresreifen

1. Reifen mit einer durchgängig gleichen Qualität. Haften im Sommer wie im Winter, also bei Glatteis im Sommer wie in der Gluthitze im Winter völlig identisch.
2. Von VW Anfang der sechziger Jahre begeistert aufgegriffene Entwicklung der Reifenindustrie. Ein Reifen, der endlich ein ganzes Jahr hielt.

Geländewagen

1. Besondere Form des Karnevalswagen, auf dem statt Pappfiguren komplette Landschaften aufgebaut sind.
2. 1937 ging VW erstmalig mit dem VW ins Gelände. Schon war der erste Geländewagen fertig.
3. Pfiffige Idee der Autobauer. VW setzte sie erstmal 1937 um und ermöglichte damit auch VW-Kunden, denen kein ausgebautes Straßennetz zur Verfügung stand, Spaß und Leid eines Automobilisten.

Geräusch

1. Der VW gibt einen typischen Laut von sich, auf den nicht nur Fachleute vertrauen. Bei anderen Wagen erweckt dieses eher hochtou-

Geräusch

rig klingende Geräusch den Zweifel der Experten. Beim VW aber wissen sie, daß dieser immer so auf Touren kommt und diagnostizieren bei diesem Symptom beste Motor-Gesundheit.
2. Bei den meisten Autotypen kommen zum Motorengeräusch beim Fahren meist noch andere Geräusche hinzu wie Klappern, Scheppern, Rasseln usw. Bei VWs gibt es das seltener, weil am Auto selbst nichts klappert, scheppert oder rasselt. Beim Fahrer kann das allerdings häufig anders aussehen.

Getriebeübersetzung Tätigkeit eines bei VW beschäftigten Dolmetschers, der während der Fahrt die Lautmalung des Getriebes für den Fahrer übersetzt.

G-Lader VW-Bezeichnung für eine Weiterentwicklung des guten alten Kompressors. Macht vereinfacht ausgedrückt dasselbe wie ein Turbolader. Ist nur keiner.

Golf 1. Griechisch „kolpos“, der Busen oder auch die Bucht. „Meerbusen“ oder schottisch-englisches Rasenspiel, nein, nicht Fußball.
2. Beliebte Sportart mit kleinen Bällen für große Geldbeutelbesitzer. Jedoch auch beliebtester Volkswagen. Merke: Es wird häufiger Golf gefahren als gespielt. Der Golfwagen dient jedoch oft zur Beförderung zum nächsten Loch.

Golf I Morgenländische Version des Golf, deshalb die fehlenden arabischen Ziffern.

Golfball Ersatz-Sportgerät, welches Zeitgenossen mit einem Schläger malträtieren, damit es in einem Loch verschwindet. In Wirklichkeit handelt es sich aber eindeutig um den Schaltknopf eines VW Golf, den einige Zeitgenossen abschrauben.

Golfer Kurzbezeichnung für den Golf-Fahrer.

Golf-Fahrer Den Golf-Fahrer gibt es wohl nicht. Manche können ein Top-Modell ihr eigen nennen, haben ansonsten aber sogar ihre Unterwäsche geleast; andere fahren ein Super-Spar-Modell, welches am Abend in der Garage zwischen der Emily und schwarzem Rennpferd geparkt wird.

Getriebeübersetzung

Golf-Fahrer

Golf Function	Tolle Sache. Golf II, der, weil er kein Golf III war, viel weniger als ein Jahr vorher kostete, als er Golf II war, was der Golf III noch werden wollte – nee, nicht „ein Auto“, sondern „der Golf“.
Golf GT	Ein erster Versuch, aus einem „Volks“-Wagen ein sportliches Auto zu machen.
Golf GL	Modellvariante des VW Golf. GL bedeutet auf deutsch soviel wie „Großer Luxus“. Dieser ist jedoch seit jeher mit großem zusätzlichen Geldaufwand verbunden (Stichwort: Aufpreisliste) und nach Auffassung vieler Autofahrer in keinem mit diesem Kürzel versehenen Fahrzeug in der Grundausstattung (unabhängig von der Automarke) zu finden.
Golf GTI	Wagentyp, der für immer in die Automobilgeschichte einging. War Schreck so mancher BMWs, die plötzlich einen Wolfsburger Wolf im Schafspelz im Rückspiegel anbrausen sahen. Vielfach kopiert, nie wirklich erreicht.
Golf GTI-G60	Sportlichste Golf-Typen, die ein Konstruktionsproblem gemein haben: Wie kann man sicherstellen, daß beim Anfahren bei sportlichen Fahrern der Motor nicht ohne die Karosserie losspurtet.
Golf Hybrid	Eigenartiges Zwitterwesen. Kann sich sowohl mit Diesel über Wasser halten, als auch an der Steckdose verbrauchte Energie wieder zurückholen. Was er bei der Motorisierung zu viel hat, fehlt ihm allerdings beim Kofferraum. Dafür war dann kein Platz mehr übrig.
Golf-Klasse	1. Unterrichtsraum in Wolfsburg, wo die Golfs den letzten erziehungspolitischen Feinschliff bekommen. 2. Bezeichnung für eine Kategorisierung in der Automobilindustrie. Aufgrund der Bequemlichkeit der Marktforscher wurde sie nach dem Fahrzeug benannt, welches die wesentlichen Verkaufsanteile besitzt. vergleichbar nur mit der S-Klasse aus Untertürkheim.
Golfplatz	Großer Rasenplatz mit vielen Leuten, die nur selten in einen einzigen Golf passen (siehe auch Caddy).

Golf Rallye	Massen-Golf mit individuellem Design und etwas mehr Muskeln.
Golfschlag	Besonderer Typus von Autounfällen. Als einzelne Spielarten sind unter anderem zu nennen: Anschlag auf den Golf (der „Kaskofall"), Schlag mit dem Golf (der „Haftpflichtfall") oder Schlag gegen den Golf (häufig der „günstigste Fall"), weil der „Gegner" zahlt.
Golfspieler	Person, die mit dem Golf spielt, also nicht ernsthaft damit umgeht.
Golfstrom	1. Im Golf von Mexiko aufgewärmter Meeresstrom, der bis nach Island zieht. Ermöglicht in der Natur in Europa in einigen Regionen ein besonders gutes Klima. Das, was in der Technik in Europa (und nicht nur dort) in nahezu allen Regionen ein besonders gutes Autofahren ermöglicht. 2. Warmer Meeresstrom, der von Amerika nach Europa zieht. Von Wolfsburg allerdings zieht ein Gegenstrom von VW Golfs ebenfalls über den großen Teich in Gegenrichtung nach Amerika, besonders seitdem das amerikanische VW-Werk geschlossen wurde.
Golf Synchro	Golf mit Krabbelantrieb, also mit allen Beinen. Reminiszenz an das Urbild eines automobilen Krabbeltieres, den VW-Käfer.
Golftasche	Projektierte Tasche, in die ein Golf paßt. Wurde aber bisher noch nicht auf dem Taschenmarkt gesichtet, da bisher ungeklärt ist, wie man den sehr begehrten Golf vor Taschendieben schützt.
Golfturnier	Sportlich-geselliges Treffen, eingedenk der mittelalterlichen ritterlichen Turniere, die ja auch in Blechkonstruktionen ausgeübt wurden.
Golf Variant	Verlängerter Golf, laut Werbung „mit happy end". Das läßt natürlich den Schluß zu, daß vorher die Geschichte einige spannende Phasen hat.
Golf VR6	Der interessante Versuch bei VW, mit einem besonderen, neutralen Äußeren eine Straßenzulassung für einen Rennwagen zu bekommen.
Großraumlimousine	Verzweifelter Versuch der Konkurrenz, Bulli-ähnliche Gefährte auf den Markt zu bringen, ohne sie auch so zu nennen. Würde auch nicht

Golfspieler

Gurt

besonders gut klingen: Renault-Bulli, Mitsubishi Space Bulli, Chrysler-Voyager-Bulli.

GTi	Abkürzung für **G**olf-**Ti**ger. Der Volksmund spricht mehr vom „Der Golf im Schafspelz".
Gurt	Am Türholm und Sitz befestigter Riemen. Er dient zur sicheren Befestigung der VW-Insassen während der Fahrt, damit sie auch bis zum Ende der Fahrt in den vollen Genuß der VW-Fahrt kommen. (Heißt eine dieser angeschnallten Personen Johann oder Johanna, so nennt man das Jo-gurt.)
Gurtklemmer	Ausdruck der Umgangssprache für einen Dieb, der einen VW-Sicherheitsgurt entwendet.
Gurtstrammer	1. Mitfahrer eines VWs, der im Falle eines Falles den Gurt des Fahrers strammt, also festzieht. 2. Accessoire für wohlbeleibte VW-Fahrer, das dem nach einem wohlverdienten Mahl strapazierten Hosengurt – eigentlich für die zu erwartende Erweiterung seines Bauches – eine Strammung als Hilfestellung gibt.

H

Hahn, Carl H.	Männlicher Hühnervogel. Ornithologisch nicht verwandt mit den Käfertieren. Deshalb verkaufte der langjährige VW-Boß Carl H. Hahn keine Käfer, sondern lieber andere Modelle.
Halle 54	1. Robotercamp in Wolfsburg. 2. Sie befindet sich innerhalb des Betriebskomplexes des VW-Werkes. Komplizierte Roboter und rechnergestützte Automaten nehmen hier die schwere Belastung von den Schultern der Arbeiter und stecken sie in die Köpfe der Computer-Freaks.
Handicap	Begriff aus der Golf-Sprache. Besitzt ein Golfer, wenn er nur einen Golf CL fährt anstatt eines GTi.

Hase	Amerikanisch Rabbit (siehe dort). Ein Auto namens Hase hätte in Deutschland selbst als VW bestenfalls zu Ostern gute Verkaufschancen.
Hayek	Schweizer Uhrmanager, der auch gern Automanager mit einem Swatch-Mobil bei VW werden wollte. Da VW ihn nicht direkt eingestellt hat, baut er jetzt sein Auto – vielleicht, gegebenfalls, unter Umständen – mit Mercedes oder einem anderen Hersteller..
Hebmüller	Käfer-Cabrio-Schmiede zwischen 1949 und 1952 in Wuppertal in Konkurrenz zu Karmann (siehe dort). Nach Großbrand und 696 gebauten Einheiten war der Konkurs fällig, denn diese Hitzezufuhr bei geöffneten Flügeln hält kein Käfer aus.
Heckantrieb	1. Alles Gute kommt von hinten. 2. Allgemein die Bezeichnung für den Antrieb, genauer Anschieb eines liegengebliebenen VW. (Wort steht seltener auch für das Anschieben eines VW durch Dieter-Thomas Heck.)
Heckschleuder	Besondere Form der Wäscheschleuder, die bei zügiger Fahrweise in einem VW in Kurven zu Schleuderbewegungen des Fahrzeugs am Heck führte. Beim Käfer, bei dem nur kleinere Wäscheschleudern im vorderen Kofferraum Platz hatten, muß es folgerichtig auch Bugschleuder heißen, da das Fahrzeug aufgrund der Schleuder vorne schleuderte.
Heizung	1. Heizdraht unter dem Armaturenbrett. Bestandteil fast jeden Automobils, also auch der VWs. Funktion sommers wie winters, obwohl selten sommers benutzt. 2. VW-Ausstattung zum Erwärmen der Passagiere im Winter. Während des Sommers ruht sie sich für diese Aufgabe aus und arbeitet nicht.
Herbie	Einziger Deutscher Auto-Filmstar in den USA (siehe auch beim Kollegen Dudu).
100.000-km-Armbanduhr	Von Herrn Nordhoff (siehe dort) gestiftet für die, die 100.000 km mit ihrem Käfer nach dem Kriege schafften (Qualitätsprobleme?). 1954

Hase

Kaltstart

im 100.000er-Club 35.000 Gäste, also viele Uhren. Es soll heute Autohersteller geben, die darüber nachdenken, ob die Einführung einer 50.000-km-Armbanduhr eine wirksame Werbemaßnahme sei. Leider sind uns die Namen dieser Hersteller entfallen.

I

Iltis

Tierart, der man einen besonderen Geruch nachsagt. Der gleichnamige VW riecht etwas streng, wenn er abgekämpft nach einem Manöver aus dem Gelände kommt.

Innenausstattung

1. Moderne Polster von VW-Modellen, in unterschiedlichen Design- und Stoffmustern, die als Sitzmöbel auf engstem Raum ein Höchstmaß an Bequemlichkeit liefern. Dazu zählen weiterhin luxuriöse Dinge wie der Zigarettenanzünder für Nichtraucher und das Handschuhfach, in das auch ein Paar Socken paßt.
2. Der VW ist edel und geschmackvoll gestaltet, sowohl was die Möblierung als auch Armaturierung betrifft.

Innenlenker mit Faltdach

Modellbezeichnung einer Version des ersten Käfers, auch Cabrio-Limousine genannt. Vorläufer von Zwittermodellen, heute auch Hybridmodelle genannt.

Insasse

Bezeichnung für den Personenkreis, der sich zwangsweise in öffentlicher Verwahrung befindet und sich nicht frei bewegen kann. Entsprechendes gilt für Fahrer oder Mitfahrer eines VWs, gefangen im Sicherheitskäfig (siehe dort) seiner Fahrgastzelle.

J

Jahreswagen

1. Einjährig eingefahrener Wagen, der das ganze Jahr über Kaufinteressenten findet. Ein Zweijahreswagen ist auch nicht so gut wie zwei Jahreswagen. Das wissen schließlich nicht nur VW-Beschäftigte.
2. Wie Jahrgangssekt. Unterschiedliche Quantität und Qualität in den

jeweiligen Jahren. So z. B. gibt es vom offenen Golf in sonnigen Jahren deutlich mehr als in regnerischen.

Jeans-Käfer Einziger VW mit Hosen, also nicht im Blechkleid.

Jetta 1. Golf mit Rucksack. Wurde für Weltreisende entwickelt, für die ein Jet ohne „ta“ einfach zu wenig ist, und so fliegen sie lieber auf ihn.
2. Praktisches Familienauto, das, wenn es einen etwas größeren Tank gehabt hätte, auch ein echtes Reiseauto hätte sein können.

K

Käfer 1. Krabbeltier, welches sich behende auf vielen Beinen fortbewegt und einen runden, sehr stabilen Rücken besitzt. Liegt es auf demselbigen, so streckt es alle viere von sich und wird bewegungsunfähig.
2. Laut Duden „In vielen Arten vorkommendes Insekt mit harten Flügeldecken“; „Flotter Käfer“: junges, nettes Mädchen.
3. Begehrtes Sammelobjekt von Insektenkundlern, die es in vielen Erdteilen vor dem Aussterben retten.
4. In Wolfsburg vorkommende einzigartige Insektenart, die sich von dort weltweit ausbreitete. Inzwischen mehr und mehr in Südamerika beheimatet, während sie in ihrem Ursprungsland weitgehend ausgerottet ist. Bemerkenswert ist auch bis heute, daß diese besondere Käferart „läuft und läuft und läuft ...“ und nicht fliegt. (Aber es gibt ja auch Vögel wie die Strauße, die laufen und nicht fliegen.)

Käfer Cabrio Insekt ohne harte Flügeldecken, kann mit Einschränkungen auch als flotter Käfer bezeichnet werden. Ist allerdings kein junges, nettes Mädchen, sondern dient eher dem „Aufreißen“ derselben.

Käfer, Heizung des Ausstattungsdetail des Käfers, sorgte für ein ausgewogenes Klima, immer angepaßt an die jeweilige Jahreszeit: im Sommer heizte es zusätzlich ein, da es nicht immer abzuschalten war, im Winter blieb es im Innenraum entsprechend kalt, weil die Wärme auf dem weiten Weg vom Heckmotor nach vorne verlorenging.

Käfer

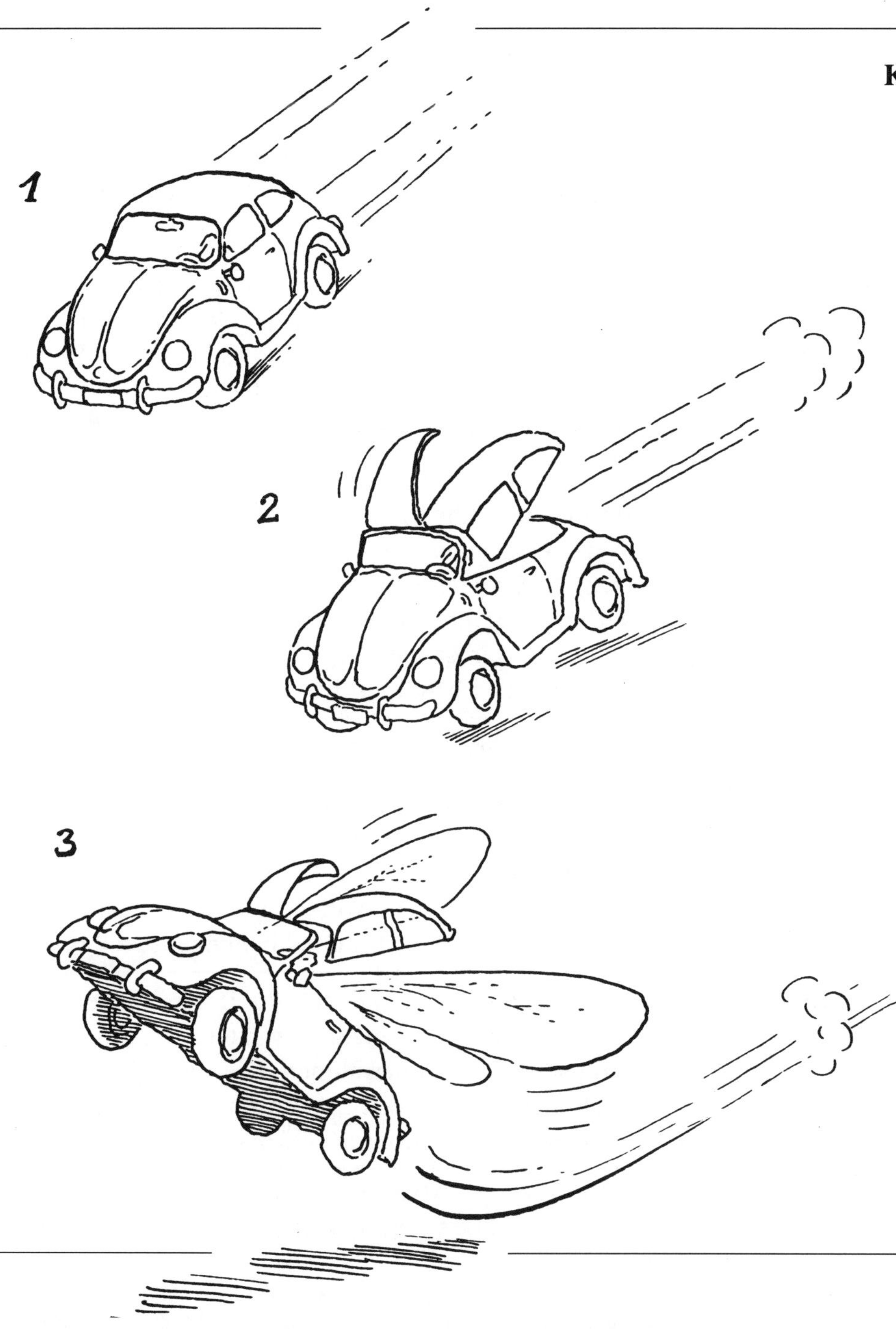

Käfer, letzter	(19.01.78 in Emden) Manche Stimmen behaupten, der letzte deutsche Käfer sei am 19.01.1978 in Emden entstanden. Dabei kann es sich nur um einen Ostfriesenwitz handeln, da dem Autor noch vor kurzem ein Käfer über die Frühstücksstulle lief. Und Käfer werden doch keine 17 Jahre alt, oder?
Käfer, Nest	Fachbegriff der Fauna. Bezeichnet den Ort, an dem Tiereltern ihren Nachwuchs aufziehen. Beim Käfer von VW ist eine Einmaligkeit zu beobachten, die noch nicht einmal in Brehm's Tierleben steht: Das Käfernest befindet sich in Wolfsburg, die Käfer leben also in den ersten Lebensmonaten in Symbiose mit Raubtieren. Das erklärt so manches.
Käfer 1938	Besonderes Jahr im Leben des Käfers. Der erste Katalog des KdF-Wagens erscheint (siehe Chronik); mit Highlights wie „650 kg fahrfertig". Das wichtigste Verkaufsargument für die reinlichen Deutschen verbirgt sich im folgenden Passus: „Durch die harmonische Formgebung der Karosserie, die alle Kanten und Ecken vermeidet, wird die zum Waschen benötigte Zeit auf ein Minimum herabgesetzt."
Käfersammeln	Besondere Art der Sammelleidenschaft, ohne Botaniker sein zu müssen.
Käfersammler	1. Besondere Botaniker, also Sammler von Insekten. Besonders zu erkennen an der Botanisiertrommel, einer Art Kasten zum Transport von Insekten. 2. Spezies im Raum Wolfsburg und im Rest der Republik, erkennbar an den als Botanisiertrommel benutzten Großgaragen.
Käfersammlung	1. Bezeichnung für eine gefüllte Botanisiertrommel (siehe dort). 2. Anhäufung von mehreren älteren Käfern. Meist aufgepiekst in schmuckvollen Bilderrahmen. Die Sammler der Käfer aus Wolfsburg allerdings haben meist Statikprobleme mit ihren Wänden, so daß sie auf diese Präsentationsart leider verzichten müssen.
Käfer-Typologie	Gliederung der VW-Modellpalette. An sich Typ 1. Ab 1949 auf dem Markt, kostete 5.300 und nicht die geplanten 990! 1953 weg mit der

KAT

Katzenaugen

Bre(t)zel, nun ovale Rückscheibe. 1957 wird mit 3.750 DM der niedrigste Verkaufspreis des Käfers erreicht; 1979 schließlich kostete er 8.380 als Minimum. Und heute? Unbezahlbar.

Käfer-Werbeslogan Ausdruck der Kreativität der VW-Werbestrategen, obwohl der Verkauf des Käfers keinerlei zusätzliche Unterstützung brauchte:
1939 „Dein nächster Urlaub im eigenen KdF-Wagen. Spare rechtzeitig", „5 Mark die Woche mußt du sparen – willst du im eigenen Wagen fahren",
1963 „... und läuft und läuft und läuft und läuft ...",
1965 „Faßt 8,5 Millionen plus Mitfahrer", „Hat irgend jemand eine bessere Idee?",
1966 „Alles an ihm ist übertrieben", „Statussymbölchen",
1969 „Da weiß man, was man hat",
1972 „Der Käfer kennt keine Klassenunterschiede. Er ist kein Statussymbol",
1974 „Das Wirtschaftlichkeits-Wunder", „Mensch ärgere dich nicht. Es gibt doch den Käfer".

Kaltstart Bezeichnung für die Ingangsetzung eines VW im Winter. Im Sommer heißt's folgerichtig Warmstart.

Karmann Car-man aus Osnabrück. Baut in sehr geringen Stückzahlen BMWs (siehe auch Fröhliches Wörterbuch „BMW fahren"). Sein Geschäft macht er aber weiterhin mit VWs, da weiß er, was er hat.

Kastenwagen Exportmodell von VW für Indien. Fahrzeug für alle indischen Gesellschaftsschichten.

KAT Ein Katalysator dient zur Ingangsetzung oder Beschleunigung einer chemischen Reaktion. Der KAT des VWs ist eine Reaktion auf unsere Sorge um die Umwelt. Leider beschleunigt er aber den VW nicht.

Katzenaugen Ausstattungsdetail eines VWs an den hinteren Rückleuchten. Wurde aufgrund von Forderungen von Katzenfreunden eingeführt, nachem bekannt wurde, daß alle VWs ein Hundebein (siehe Fröhliches Wörterbuch „Opel fahren") in ihre Fahrzeuge eingebaut hatten.

Kaufpreis	Der Preis, den ein Käufer für seinen VW bezahlen muß. War beim Käfer sehr günstig, worauf die Vielzahl dieser automobilen Krabbeltiere in aller Welt hinweist.
KdF	1. Abkürzung für **K**raft **d**urch **F**reude, also Freude durch die Kraft eines VWs. 2. Abkürzung für **k**auft **d**ieses **F**ahrzeug.
KdF-Wagen	Die Werbung sprach: „Sie werden den klassenlosen Wagen bald Ihr eigen nennen", „Fahren macht Freude, regeneriert die Nerven und läßt uns die Schönheit unseres Landes genießen". Leider wurden insgesamt nur 630 zivile Wagen gebaut.
KdF-Wagen-Sparkarte	Verwandt mit der Rabattkarte. Mit 5 DM sind Sie dabei, allerdings mißlang dieser einmalige Versuch, Autos von den Käufern vorfinanzieren zu lassen. Bei 990/5 = 198 Märkchen oder 198 Wochen oder 198/52 = 3,8 Jahre.
KdF-Werk	Produktionsstätte des KdF-Wagens. Der Grundstein von 1938 verschwand nach dem Krieg im Fundament einer Kanalbrücke.
Keilriemen	1. Gürtel, der zur Übertragung der kreisförmigen Motorbewegung dient. Bei den meisten VW-Modellen jedoch schwierig auszuwechseln und das nicht nur, wenn man gerade keine Damenstrumpfhose ausziehen kann. 2. Gürtel, an dem die Neandertaler ihren Faustkeil befestigten, bevor sie das Rad erfanden und den Keilriemen unter die Motorhaube des VWs verbannten. 3. Damenstrumpf-Ersatz in Fahrzeugen wie auch dem klassischen VW. – Oder war es andersherum?
Kilometerzähler	Berufsgruppe, die zur Abmessung der für die VWs zur Verfügung stehenden Bewegungsflächen auf den Bundesautobahnen Kilometer zählt. Ähnlich den Gleisgängern der Bundesbahn.
Kinderkrankheiten	Auftauchende Krankheiten bei neuen Modellen. Soll auch bei VW-Modellen schon vorgekommen sein. Dafür haben VWs allerdings be-

Geht das nicht ein wenig unauffälliger?
Tip 397: Kein Ersatzkeilriemen zur Hand? – Zur Not tut's auch ein Nylonstrumpf!

	stimmt keine Erwachsenenkrankheiten oder etwa Frauen- und Männerleiden.
Kindersicherung	1. Bezeichnung für eine noch nicht ganz ausgewachsene Autosicherung im VW. 2. Erfindung von VW; Aufgabe: Kinder sollen aus den PKWs nicht heraus – und Erwachsene häufig nicht hineinkommen.
Klappstulle	Liebevoller Name für den VW-VR6-Motor wegen seiner verschachtelten Zylinderreihen.
Klimaanlage	Sie sorgt für eine Anpassung an die klimatischen Wünsche der Insassen. Bei mehreren Personen können die Bedürfnisse jedoch abweichen, und die Klimaanlage bietet Anlaß zum Streit. Das Klima außerhalb des VWs läßt sich durch diese auch beeinflussen. Dies schafft allerdings nicht die Klimaanlage, sondern die Abgase, welche Umweltschützern Anlaß zum Streit bieten.
„Kofferdepot“	Besondere Bezeichnung für den Kofferraum des Käfers. Er hatte gleich zwei davon, unter der Fronthaube (Motorhaube war ja hinten) und hinter den Rücksitzen. Der hintere Raum wurde allerdings meist für das in Prospekten neben vier Personen noch mitnehmbare Kind benötigt.
Kofferraum	1. Rauminhalt eines oder mehrerer Koffer, der häufig mit dem Volumen eines VW-Kofferraumes nicht übereinstimmt. 2. Raum in einem Auto, der für die Unterbringung von Koffern vorgesehen ist. Allerdings gab es aber leider auch VW-Modelle, in denen man dort nicht einmal einen richtigen Reisekoffer unterbringen konnte. Abhilfe brachte in diesen Fällen ein Dachgepäckträger, entweder für das Dach des Autos oder dasjenige des Fahrers (siehe auch Cabrio).
Kompaktauto	Auch Golf-Klasse genannte besondere Leistungsklasse einer Sportart.
Kopfstützen	Krücke für VW-Fahrerköpfe.
Kübelwagen	Erfolgreicher Geländewagen von VW. Böse Zungen behaupten, er habe diesen Namen deshalb, weil er den Sprit kübelweise verbrauchte.

Kofferraum

Kühlmittelstand	Zustandsbeschreibung für eine Flüssigkeit zur Kühlung überhitzter Motoren, bevor der VW losfährt. Danach geht der Zustand in die Kühlmittelbewegung über.
Kühlschrank	Zur standesgemäßen Bewirtung der Fahrgäste im VW ist er obligatorisch. Er enthält entweder Sekt oder Selters. Fährt der VW ins Gebirge, so gibt es auch Campari on the rocks für die Gäste und Kühlwasser für den Fahrer.
Kugelporsche	Liebevoller Spitzname für den VW-Käfer. Von manchen Leuten in etwas verächtlicher Weise gebraucht, ist er dennoch sogar eine zutreffende Bezeichnung. Erdenker des Käfers war nämlich – ja wer wohl? – Ferdinand Porsche (siehe dort).
Kurbelwelle	Kurbel zum Aktivieren der Welle im Wolfsburger Wellenfreibad.

L

Langlebigkeit	VWs leben lange, das ist bekannt. Aber immer noch übersteigt die Langlebigkeit des Fahrers diejenige des VWs bei weitem – noch! VW arbeitet daran.
laufen	Der Volksmund weiß, er (= VW, Anm. d. Verf.) läuft und läuft wie ein VW.
Laufkultur	1. Allgemeiner Ausdruck für Musikhören und Zeitungslesen beim Joggen. 2. Braucht der VW-Fahrer nicht mehr. Er kann ja fahren. Also auch als Fahrkultur bezeichnetes Radiohören während der angenehmen VW-Fortbewegung.
Laufwunder	Besondere Form des Langläufers. Er läuft und läuft und läuft, laut Werbespruch für den VW-Käfer. Dabei ist er doch falsch, oder haben Sie schon einmal einen Käfer gesehen, der läuft, anstatt zu fahren oder gar zu fliegen?

Langlebigkeit

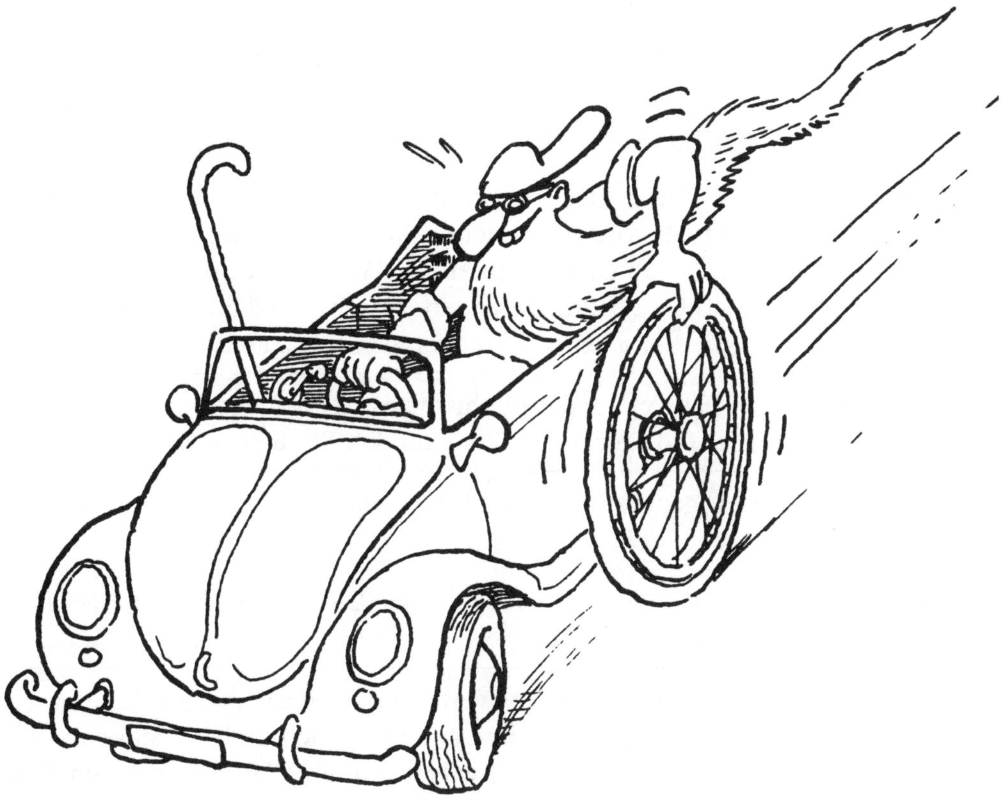

Leichtbauweise
Ausdruck für die Fabrikationstechnik in VW-Werken, wo auf besonders leichte Weise die Fahrzeuge montiert werden. Deshalb können inzwischen sogar Roboter diese Aufgabe übernehmen.

Lenkradschloß
Gerüchten zufolge ein ehemaliges VW-Projekt, bei dem auf dem Lenkrad ein Schloß installiert werden sollte, von dessen Turmspitzen man beim Fahren auf den Mittelstreifen der Fahrbahn zielen konnte.

Leseleuchten
Leuchten, nicht Lampen, die des Lesens mächtig sind. Auch in VW-Modellen montiert. Sind entfernt verwandt mit Analphabeten-Stumpen.

Leuchtweitenregulierung
1. Gesetzlich vorgeschriebenes Ausstattungsdetail auch eines VW. Dabei wird die Leuchtweite der Fahrzeuglaternen reguliert.
2. Die Leuchtweite eines VW kann reguliert werden, indem man seine Umgebung verändert. Nachts leuchtet er weiter als tagsüber, unter Wasser leuchtet er weiter als im Kakao usw.

Licht
Dem VW-Fahrer geht spätestens beim ersten Zusammenstoß das Licht auf, daß er nicht allein auf den Straßen ist.

Lichthupe
Eigentümliches optisches Phänomen. Erscheint nur im Rückspiegel der Nicht-VW-Fahrer.

Lichtmaschine
VW-Weiterentwicklung der Eismaschine. Statt Eis erzeugt sie Licht, auch tagsüber.

Liebhaber
Besonders liebenswerte Personengruppe. Sie kümmert sich liebevoll um ihren VW oder sammelt gleich mehrere davon, mit Vorliebe Käfer, aber auch Golfwagen. Einige VW-Fahrer haben lieber ihren Partner lieb, ob im oder außerhalb des VWs sprengt den Rahmen dieses Wörterbuches.

LT
VW-Modell ab 1975. Abkürzung für **L**eicht**t**ransporter. Die ST-Version – Schwertransporter – ist leider bisher noch nicht im VW-Programm.

Liebhaber

Luftfilter	VW-Entwicklung. Ein besonders sparsames Filter, da es nur aus Luft besteht. Was filtert die Luft? Filtert feste Stoffe, keine Luft.
Luftkühlung	1. Besondere Form der Verhinderung der Motor-Überhitzung durch Luft. Allerdings Fehlmeldung bezüglich der technischen Ausstattung des VW Käfer schon 1938: Zur Kühlung des Motors benutzte der Käfer auch schon damals einen Ölkühler und damit keine Luftkühlung. Die Luft versuchte vielmehr den Ölkühler zu kühlen. 2. Kühlverfahren. Luftgekühlte Limonade, eisgekühlte Limonade oder eisgekühlte Bierdosen.

M

Maikäfer	Sondermodell des VW-Käfer. Bezeichnung beruht auf der Tatsache, daß diese Modelle jeweils im Mai nach einem langen Winterschlaf das Licht der Welt erblickten. Allerdings ernährte sich diese Maikäferart aus Wolfsburg mit Benzin und nicht mit Blättern.
Marienkäfer	Besondere Käferart, deren Rostbeulen an die beliebten kleinen Insekten erinnerten.
Marke	Ausdruck der Markierung eines Handelsgutes, an der man es immer wieder gleich erkennen kann. Bei anderen Herstellern Singular, bei VW Plural (siehe 4-Marken).
Markenimage	Bezeichnung für das Bild, welches man sich von einer Marke macht. Zu unterscheiden ist dabei das Bild des normalen Markenklebers, der sich verstärkt von der Hinterseite ein Bild und auch einen Geschmack macht. Auf der anderen Seite gibt es das Bild für den Briefmarkensammler, der sich durch Nutzung einer Lupe ein größeres Bild macht. Entsprechend macht sich auch der VW-Fahrer ein vergrößertes Bild, wenn er sich intensiv über den Motorraum seines geliebten VW legt.
Marktführer	Führer eines Fahrzeuges aus Wolfsburg, der auf den Markt fährt.

Marienkäfer

Modellpflege

Marktreife	Aus der Käseherstellung entlehnte Bezeichnung für den Stinkegrad eines VW-Autos, am Auspuffrohr gemessen.
Mexiko-Käfer	Besondere Spezies Krabbeltiere, die aus Mexiko kommt, sich aber auch in unseren Breitengraden wohlfühlt. Aufgrund der fehlenden deutschen Population ab 1978 importiert. Versuche der Nachzüchtung in zoologischen Gärten führten bisher nicht zum Erfolg.
Mittellandkanal	Anderes Wort für den Kardantunnel in Wolfsburg.
Mobilfunk	Autotelefon für VW-Fahrer, die immer erreichbar sein wollen, müssen, können oder auch sein sollen. Die am häufigsten von den Fahrern selbst getätigten Telefonate finden auf der Rückfahrt vom Arbeitsplatz statt. Der gestreßte Manager steckt mit knurrendem Magen in der Rushhour und erkundigt sich bei seiner Frau: „Hallo Emma, was gibt's heute abend zu essen?“ Anwortet sie ihm: „Nichts besonderes!“, so erklärt er: „Bis ich aus dem Stau hier rauskomme, wird es später“ und steuert sein Stammlokal an.
Modell	Ausdruck des Versuches, die Wünsche vieler Kunden von vornherein auf eine begrenzte Zahl verschiedener Autos der Marke VW zu beschränken.
Modellpflege	Schminkstunde der hübschen Golf-Beifahrerin.
Mosel	In der Geografie: Fluß im Westen. Bei VW: Produktionsstätte im Osten.
Motor	Das Herz eines jeden VWs, der es ohne Kreislaufbeschwerden schafft zu laufen und zu laufen und erst bei einem Herzinfarkt ausgewechselt werden muß.
Multivan	Multifunktionaler Bulli-Nachfolger (VW Caravelle). Das bedeutet, daß man ihn für verschiedene Funktionen wie Personentransport, Besprechungsraum, Kleintransport einsetzen kann. Allerdings gibt es auch Grenzen für seine Multifunktionalität. Als Cabrio ist er bisher nicht ausgelegt.

Multivan Allstar Spezialausführung des VW Caravelle. Werblich als „Big Business“ oder „Konferenzmobil für sieben und Schlafplatz für zwei“ bezeichnet. Soll also bedeuten, daß VW-Geschäftsleute zu siebt arbeiten, aber nur zu zweit schlafen.

N

Nasenbär Seltene Spezies der Fauna. Steht nicht in Brehm's Tierleben. Allerdings Anfang der 70er Jahre des öfteren in Wolfsburg gesehen. Wurde auch werksintern nach der Anzahl der geplanten Verkaufsgrößen 411 genannt.

Nebelscheinwerfer VW-Modell, welches als Nebelmaschine in der Bavaria-Filmstadt tätig ist.

Neuwertigkeit Wert eines Fahrzeugs beim unbenutzten Neukauf. Für einen VW-Käufer behält ein solches Auto lange Zeit, wenn nicht das ganze Leben (siehe auch Wertbeständigkeit), seinen Neuwert. Für die Versicherung leider weniger.

Nockenwelle **N**icht-**Locken**welle, also keine frisch frisierte Form der Dauerwelle, sondern eine Welle im VW-Motor, die dauerhaft hält.

Norddeutschland Bezeichnung für eine Region in Deutschland, die nicht Süddeutschland ist und nördlich des Weißwurstäquators beginnt. Bezeichnend ist ebenfalls, daß hier mehr Deutsche wohnen und auch deutlich mehr VWs gefahren und geliebt werden.

Nordhoff, Heinrich Nachkriegs-Vorstand von VW. Als „der General“ in die Werksannalen eingegangen. Lange Zeit hielten sich die Gerüchte, daß er einen Beratervertrag mit einem Uhrenhersteller habe, da er bei jedem Käfer, der 100.000 km erreichte, eine Armbanduhr auf Kosten des Werkes an den Fahrer verschenkte – und das waren nicht zu wenige.

Norddeutschland

O

Oha	Gerüchten zufolge der Ausruf hochrangiger Nachkriegspolitiker beim Auftauchen des ersten Zivil-Käfers.
Öko-Golf	Modelltyp des Volkswagenwerkes, wurde speziell für die Öko-Freaks aufgelegt. Verträgt nur Müsli und Müslimans.
Öl	Zweite wichtige Flüssigkeit zum Betrieb eines VWs. Je nach Alter des Fahrzeuges braucht man mehr oder weniger. Für Gerüchte, nach denen bei einigen VW-Modellen in hohem Alter der Ölverbrauch den Spritverbrauch überstieg, konnten bisher keine Beweise gefunden werden.
Oldtimer	Ganz alte VW-Modelle. Mußten sich noch wie namenlose Sklaven des Menschen mit Nummern wie 1, 2 oder 411 begnügen.

P

Panoramascheiben	Bezeichnung für Fensterscheiben in speziellen VW-Bullis, die die Sicht auf das Landschafts-Panorama ermöglichen. Bei schlechtem Wetter und schon länger nicht mehr geputzten Scheiben wird auf der Fensterscheibe direkt ein Gebirgspanorama erzeugt.
Passat	Erfolgreiches VW-Modell. Brachte als erster Wind ins VW-Programm, also schon lange vor dem Vento. Der Passat III war der erste Passat ohne Grill, also ohne Freizeitorientierung.
Passat Synchro	VW Sportmobil. Wird genutzt beim Synchronschwimmen unter Ausnutzung von vier Flossen.
Passat Variant	VW Passat mit variabler Ladefläche. Im Volksmund auch Baby-Porsche genannt, da viele Porsche-Fahrer nach dem ersten Kind auf dieses Modell umstiegen.

Öko-Golf

Persenning	Abdeckeinrichtung für den nach oben offenen Golf. Ähnlich schwierig wie die Aussprache ist für ungeübte Zeitgenossen auch die Befestigung.
Pioniergeist	Antrieb von Erfindern und Ingenieuren zur Weiterentwicklung. Früher war ein solches Ereignis die Erfindung des Autos; heute ist es diejenige eines roten statt eines schwarzen Knopfes.
Platten	Plural des landläufigen Ausdrucks für die Haartracht vieler langjähriger VW-Cabrio-Fahrer.
Pollenschutzfilter	Nicht-serienmäßige Vorrichtung für Heuschnupfler und allergische Autofahrer im VW, die zum Sammeln des Staubes dient. Bei unsachgemäßem, zu langem Gebrauch des Filters kann dem VW-Fahrer auch die ganze Pracht, die Straße und Natur zu bieten haben, auf einmal ins Gesicht geschleudert werden.
Polo	Sportart, bei der sich der Sportler mit einem PS fortbewegt. Anders beim VW-Polo, dort bewegt sich ein Sportler gleichzeitig mit mindestens 30 PS vorwärts.
Polo Fox	VW-Modell mit oder ohne Fuchsschwanz. Eingeführt zur Eroberung der Opel-Manta-Käufer?
Popometer	Ausstattungsdetail des typischen VW-Fahrers. Mit diesem tief-rückseitig angebrachten Instrument kann er jede Unebenheit der Straße messen und so seinen Mitfahrern mitteilen.
Porsche, Ferdinand	Inschenör aus Maffersdorf (Böhmen). Rennwagenkonstrukteur bei Daimler, Vater der Sportwagenschmiede gleichen Namens – und, jawohl, Erdenker des Volkswagens. War nicht finanziell am Verkaufserfolg seines einmaligen Autoentwurfs beteiligt, so daß sich die Familie Porsche bis heute mit dem Bau von Automobilen in Kleinserie über Wasser hält.
Pralltopf	Topf im Lenkrad. Kommt beim Aufprall heraus, damit es auch dann einen „satten Klang“ gibt.

Platten

Pritschenwagen

1. Besondere Variante des VW-Bulli. Bei diesem Modell fehlte der Aufbau für die Passagiere. Vielmehr mußten selbige auf einer Pritsche Platz nehmen.
2. Bezeichnung für ein Nutzfahrzeug von VW, welches auch optimal zum Transport von Pritschen geeignet ist.

Probefahrten

Ähnlich dem Führerschein auf Probe gibt es auch Fahrten eines VWs auf Probe.

Q

QVP

Abkürzung für Qualitätsverbesserungsprozeß bei VW. Nachdem inzwischen die Qualität der innerbetrieblichen Prozesse deutlich verbessert wurde, wurde ein QVP^2 eingeführt, also die quadratische Vervielfältigung. QVP^3 ist selbstverständlich schon in der Planung.

R

Rabbit

Englische Bezeichnung für das deutsche Karnickel. Auch der Spitzname des Golfs in Amerika. Die kleinen Golfbälle verliert man ja schnell. Karnickel können zwar ebenfalls leicht fortlaufen, vermehren sich dafür aber immer wieder rasch.

Rad

Gilt als erste technische Erfindung des Menschen. Es hat als Wurzel in der Geschichte bis heute als unverzichtbarer Bestandteil überlebt. Der VW wäre ohne es angewurzelt. Hat ein VW-Fahrer ein Rad ab, so holt er sein Ersatzrad aus dem Kofferraum.

Räder

Fortbewegungsmittel der Automobile. Auch als Beine des Autos bezeichnet. Da Käfer allgemeinhin sechs Beine haben, muß der VW-Käfer zwei als Reserve gehabt haben, da man äußerlich immer nur vier Räder sah.

Rabbit

Reserverad

Reichsautobahn	Vorgänger der heutigen von VWs gern benutzten Bundesautobahnen. Von einem Herrn Reich für den KdF-Wagen gebaut.
Reichweite	Entfernung, die mit einer Tankfüllung zurückgelegt werden kann, wenn sie nicht vom Fahrer, sondern vom Motor verkonsumiert wird.
Reserverad	Vollwertiges Autorad, welches meist im Kofferraum mitfährt. Bei VW durch ein Notrad ersetzt, da ein solches Rad normalerweise nur zur Not gebraucht wird und nicht zur Reserve.
Roboter	Werktätige, die ohne Gewerkschaft und Forderung nach Sozialleistungen ihre Dienste tun. Dafür sind sie sehr anfällig gegenüber Programmierfehlern und können neuerdings auch von Viren befallen werden. Sie erhalten zwar keinen Lohn, kosten aber trotzdem einiges. Zum erstenmal beschäftigte VW sie in Halle 54 (siehe dort).

S

Samba-Bus	Beliebtes VW-Modell der 50er Jahre, in dem man während der Fahrt Samba tanzen konnte. Gab es mal nicht geeignete Mitfahrer für den Tanz, führte dann der Wagen in Abhängigkeit vom Tanzstil des Fahrers einen Samba auf.
Sauger	1. Allgemein: Ansprechende Form eines Säuglings. 2. Im Fahrzeugbau: Besondere Form eines Autosaugstaubers, bei dem der Schmutz aus dem VW mit Hilfe eines Saugrüssels entnommen und einem Staubbeutel zugeführt wird. 3. Bezeichnung für ein Auto, bei dem man im Fahren ein saugendes Geräusch aus dem Tank hört. Derart durstige Motoren wurden in den VW-Modellen jedoch nie entdeckt, so daß dieser Titel den Autos der Wolfsburger erspart bleibt.
Scheibenbremsen	1. Besondere technische Variante von Autoteilen, die zum Anhalten auch eines VWs dienen. Ganz ähnlich dem Scheibenkäse in Scheiben

Scheibenwischer

	geschnitten. Die Scheibenbremsen gibt es allerdings auch am Stück. 2. Ehemaliges VW-Projekt für sehr schnelle Wagen. Beim Bremsen klappten die ihre Scheiben aus, um zusätzliche Bremswirkung zu erzielen.
Scheibenwischer	1. VW-Ausstattung. Sorgt bei Regen für ausreichende Sicht, indem er durch lautes Quietschen die Regentropfen verscheucht. Deshalb auch Regenscheucher genannt. 2. Äquivalent zum Kaffeeholer im Büro.
Schonbezüge	Gehalt der VW-Arbeiter in Krisenzeiten.
Schwimmwagen	Eigenes Entwicklungsprojekt der ostfriesischen VW-Werke in Emden, bei dem normalen Fahrzeugen aus der Serienproduktion durch erhöhten Reifendruck und die Aufnahme von Paddeln in die Grundausstattung Schwimmen beigebracht werden soll. Leider ist das erste Dutzend Testwagen samt Testfahrer ziemlich sang- und klanglos in der Nordsee versunken. Unverständlich, wo doch früher einmal jemand sogar ohne Hilfsmittel übers Wasser gegangen sein soll.
Scirocco	Erstes sportliches Modell der Firma Volkswagen in den 70er Jahren. Nach Einführung des Golf GTI (siehe dort) nur noch Ausdruck seiner Form, aber nicht mehr seiner Leistung.
Seat	Einzigartiger spanischer Autohersteller, der gleichzeitig unterschiedliche Modelle unterschiedlicher Hersteller baut: neben Fiats (Marbella) und VWs (Malaga) auch eigene Autos (Toledo). Von VW aufgekauft, was zu der Vermutung führte, daß damit das Know-how der Konkurrenz erworben werden sollte.
Shanghai	Das chinesische Wolfsburg, nur ca. 20mal so groß.
Sicherheit	Allgemeine sprachliche Bezeichnung für das menschliche Begehren bezüglich des Nichtvorhandenseins, jeglicher Risiken. Beim Automobilbau von VW kommen folgende Unterarten zur Verwendung: 1. Die Sicherheit vor Diebstahl ist bei den meisten VWs etwas kleiner

als bei den größeren Wagen der Konkurrenz. Schließlich sind die Wagen ja auch kleiner.
2. Die Betriebssicherheit des VWs hat nicht den schlechtesten Ruf, da der Betrieb sich nur selten bewegt und seinen Standort am Mittellandkanal in Wolfsburg nur selten ändert.
3. Für die Unfallsicherheit ist serienmäßig durch Gurte und Luftsäcke gesorgt. Die Knautschzone, als Ausdruck der Distanz zwischen gegnerischem Fahrzeug und dem VW-Fahrer nach dem Zusammencrash, kann der Käufer über die Größe seines gewählten Modells und durch den gewählten Abstand zu anderen Autos frei bestimmen.

Sicherheit, aktive Bezeichnung für alle Ausstattungsmerkmale eines VW, die einen Unfall und dessen Folgen für Fahrer und Insassen vermeiden. Zu nennen sind z. B. Nicht-Anspringen am Morgen. Auch der VW-Fahrer kann für die Sicherheit aktiv was tun, indem er z. B. den Schlüssel im Wagen steckenläßt und die Türen zuwirft. So kann er nicht autofahren und damit nicht in sicherheitsgefährdende Unfälle verwickelt werden. Allerdings muß dabei darauf hingewiesen werden, daß er auch als Fußgänger keine 100%ige Sicherheit erlangen kann.

Sicherheit, passive Ausstattungsmerkmale eines VW, die dafür sorgen, daß die Folgen eines Unfalls glimpflicher ausfallen als ohne diese Ausstattungsmerkmale. Zu nennen ist besonders der Luftsack (neudeutsch: Airbag), der sich bei einem Unfall aufbläht und den Unfallfolgen förmlich keinen Platz für größere Schäden läßt. Zu warnen ist besonders bei fahrenden Damen vor schlecht befestigten Broschen oder Haarnadeln, weil selbige den Luftsack im Falle eines Falles zerstören könnten.

Sicherheitskäfig Geniale Erfindung der Autokonstrukteure auch bei VW, die Unfälle verhindert, indem sie potentielle Verkehrstäter in einen Käfig sperrt.

Sicherungen Elektrische Unterbrecherkontakte, die Kurzschlüsse auch in VW-Modellen verhindern. Kommt es zu einem dieser Kurzschlüsse, brennen die Sicherungen durch, sie hauen einfach ab. Eine besondere Art der Sicherung ist die Kindersicherung (siehe dort), welche bei einem Kurzschluß der Eltern während der Fahrt selbigen durchbrennt.

Sicherheit, passive

Straßenhaftung

Skoda	Tschechische Neuerwerbung von VW. Soll den osteuropäischen Markt erobern, was den Tschechen vorher allein nicht gelang.
Spar-Käfer	Ehemaliges Rabattmodell von VW, zum Andenken an die historische KdF-Sparkarte.
Spritzdüsen	Ausstattung jeden VWs als Einstieg in die automatische Feuerlöschung. Hat sich allerdings in der Praxis bisher noch nicht bewährt, da sich der Wassertank als zu klein erwiesen hat.
Standheizung	Gerät zur Erwärmung eines Fahrzeugs während der Standzeit. Wird für einen VW nicht benötigt, da ein VW in der Regel fährt, in Ausnahmefällen „läuft und läuft und läuft“, aber nur sehr, sehr selten steht.
Stau	1. Verkehrssituation, bei der sämtliche VWs selbst mit den schnellsten Konkurrenten mithalten können. 2. Ansammlung von Verkehrsteilnehmern zum Betrachten der neuesten VW-Modelle. Ohne Stau fahren diese immer so schnell an den Interessierten vorbei, daß ein genaues Anschauen nicht möglich ist.
Steilheck	Wagentypus, der hinten nicht abgeflacht ist. Nachteile: 1. Schlechtere Optik. 2. Erhöht geringfügig den Benzinverbrauch. Vorteile: 1. Ist billiger in der Versicherung. 2. Vergrößerung des Innenraumvolumens zur Steigerung der Ladekapazität. Das Steilheck ist eine besondere Spezialität beim VW Polo, die ihn seit langer Zeit als wendiges Betriebsfahrzeug beliebt macht.
Straßenhaftung	1. Juristischer Ausdruck für den seltenen Fall, daß bei einem Unfall nicht der VW, sondern die Straße haftet. 2. Bezeichnung für die Klebewirkung der VW-Reifen.
Student	Preisgünstig konzipiertes Forschungsauto von VW in Anlehnung an die Spezies Mensch, die sich heute höchstens noch ein Gebrauchtfahrrad leisten kann.

Student

Jnskribieren Sie doch einfach unseren Auspuff-Selbsthilfekursus.

Synchro Bezeichnung für eine technische Besonderheit einiger VW-Modelle. In Anlehnung an das Synchronschwimmen müssen sich hier ebenfalls alle vier Räder synchron, also gleichmäßig bewegen.

T

Tachometer Längenmaß des VW-Tachos. Sollte eigentlich Tachozentimeter heißen, da er in der Regel nur ca. 10 cm lang, breit und hoch ist.

Tankstelle Durstlöschstation. Hier gibt es neben dem Getränk für den VW meist auch verschiedene für den Fahrer. Tankstellen sind durch die Erhöhung der Benzinpreise in Mitleidenschaft gezogen worden. Aus Mitleid mit den vielen VW-Fahrern bieten sie häufig zur Abwechslung noch Snacks, Illustrierte und andere Dinge des täglichen und nächtlichen Bedarfs an.

TDI Abkürzung für **T**olle **D**iesel **I**dee. Bezeichnet eine technische Meisterleistung, die in vielen VW-Modellen Verwendung findet, obwohl sie von Audi entwickelt wurde. Entwicklungen der Firma VW sind bei Audi-Modellen nicht gleich erkennbar. Allerdings führt der Umstand, daß VW-Händler fast immer auch Audi-Modelle verkaufen und reparieren, im Tagesstreß dazu, daß VW-Teile in Audi-Modelle eingebaut werden.

Trabant DDR-Absatzschlager im Automobilbau. Damit lange Jahre deutscher Bruder im Erfolg des Käfers. In den achtziger Jahren wurde eine Bruderhilfe in Form von Motoren eingeführt, indem VW-Motoren im Trabant-Werk gebaut wurden, in VW-Modelle eingebaut und nach mehreren Jahren schließlich auch im Trabant Verwendung fanden.

Transporter Science-Fiction-Begriff. Eine Art Beamer. Mit VW-Fahrzeugen gleicher Bezeichnung werden schon heute Güter von A nach B gebeamt.

Trittbrett Flacher Holzklotz, der besonders stabil ist und bei VW-Händlern stand. Wurde eingesetzt, damit unzufriedene Käferkäufer ihre Aggres-

Überrollbügel

sionen durch Tritte an selbige abreagieren konnten und damit die schönen Modelle schonten.

Trittbrettfahrer

1. Person, die eigentlich in einem Cabrio Frischluftvergnügungen nachgehen möchte, allerdings nur einen Käfer-Fließheck besitzt. Deshalb betritt er während der Fahrt diese seitlich am Fahrzeug angebrachte Frischluftmitfahrgelegenheit.
2. Sportliches Ausstattungsdetail des VW-Käfers. Eine Art frühes Surfbrett, welches spätere VW-Fahrer eines Golf GTI auf ihrem Dach anbrachten. Leider gibt es heute keine Trittbretter mehr für diese Zielgruppe, auch nicht die geliebten getarnten Pseudo-Plastikbretter für Nicht-Sportler.

TÜV

Abkürzung für **T**echnische-**Ü**belsucher für **V**Ws.

Typ 1

Was für ein Typ von VW. Blieb deshalb immer die Nummer 1, 31 Jahre lang und in anderen Ländern schon fast 50 Jahre.

Typologie

Ausdruck für die Wissenschaft der Modellbezeichnungen bei VW. Während andere Hersteller ihre internen Typbezeichnungen nach außen hin mit Decknamen wie z. B. Kadett verschleierten, hießen die ersten Fahrzeuge immer Typ, beginnend mit Typ 1. Eigentlich blieb es allerdings auch dreißig Jahre vom Verkaufserfolg her bei diesem einen Typ.

U

Überrollbügel

Bezeichnung für den Henkel an einem Golf-Cabrio. Selbiges Teil gab es am Käfer-Cabrio nicht. Der hatte ja auch die rundliche Kugelform zum besseren Abrollen, welche dem eher kantigen Golf fehlt.

Unterbodenschutz

Straßenbelag, der den Unterboden vor den vielen, vielen Volkswagen schützt.

V

Vento	1. Bezeichnung für VW-Modelle auf Golf-Basis. In Anlehnung an einen besonderen spanischen Wind. Diese Modelle sollten frischen Wind in die VW-Absatzerfolge im Bereich der Stufenheck-Klasse bringen. Der Wortstamm vento stammt allerdings von spanisch „ventosear“, was auf Deutsch so viel bedeutet wie „furzen“. 2. Jetta (siehe dort) von der Schönheitsfarm.
Verarbeitungsmängel	Wenn einem bei der ersten Zigarette im neuen Auto der Aschenbecher beim Öffnen fröhlich entgegenspringt oder die Scheibe beim Herunterdrehen bis auf den Türholm durchsackt, wenn dir also Übles widerfährt, ja dann hast du Hansel wieder ein Auto von der VW-Konkurrenz gekauft. – Pech.
Verdichtung	Tätigkeit des Dichtens der VW-Werbebotschaft durch die Kreativen.
4-Marken	Historische Vereinigung von Automobilmarken unter einem Dach in der Auto-Union. Von diesen 4-Marken blieb nur Audi übrig, während DKW, Horch und Wanderer im VW-Museum stehen. Wer wird von VW, Audi, Skoda und Seat wohl zukünftig übrigbleiben?
Vierventiler	Eine Art Eingangstür eines Motors. Dabei haben die Vierventiler die doppelte Anzahl von Toren, um im übertragenen Sinne dieselbe Anzahl von Gästen einzulassen.
Vogel	Tierchen, das nicht nur in der Kuckucksuhr haust, sondern auch in den Köpfen vieler Autofahrer. Leider müssen sich diese dann an den Kopf ticken, da jener nicht wie die Uhr von alleine tickt.
Volk	Nicht nur das deutsche Volk schwört in seiner Einigkeit auf den VW. Nebenbei gibt es noch gesellschaftliche Aus- und Aufsteiger, die auf andere Automarken stehen. Zum Ausgleich muß die VW-AG dann zahlreiche VWs ins Ausland abschieben (siehe auch Export).
Volksporsche	Modell von Porsche, welches fürs ganze Volk vorgesehen war, aber nur von wenigen Volkskameraden gekauft wurde.

Unterbodenschutz

VW

Volkswagenwerk	Das große Werk vieler VWs, die täglich mit ihren Abgasen die Luft unserer Städte und Länder anreichern und gleichzeitig zur Nutzbarmachung der Erdölreserven beitragen. Sonst auch die Geburtsstätte eines VWs, dessen älteste Heimat in Wolfsburg angesiedelt ist.
VW	Abkürzung für **V**ermögens**w**ert, **V**olkers **W**agen, **v**antastische **W**agen, **v**iel **W**itz, **v**lotte **W**erbung, etc.
VW 1600 TL	1. Größte VW-Limousine der 60er Jahre. Wurde gebaut, weil der 1600er Motor nicht mehr in die Käferkarosserie paßte und so ein größeres Drumherum benötigt wurde. 2. Fließheckvariante des 1600; TL stand für „traurige Lösung" oder „tolle Leistung".

W

Wärmeschutzglas	Vorkehrung moderner VWs. Soll die Wärme im Fahrzeug daran hindern, nach außen zu entweichen oder von außen sich zu verkühlen (siehe auch Heizung).
Wartburg	Historischer Ort deutscher Geschichte, auch im Automobilmarkt. Um nach Opel und VW auch dabei sein zu können, verpflanzte man den VW-Motor auch in die volkseigenen Fahrzeuge der DDR gleichnamiger Baureihe. Allerdings nur mit kurzzeitigem Erfolg, da nach dem Mauerfall Opel wieder das Regiment übernahm und sich neben dem VW-Motor allerdings auch von Karosse und Modellnamen trennte.
Weltmeister	Auszeichnung des Käfers. Nicht nur im Guiness-Buch der Rekorde, sondern auch im Verkaufsbuch der Manager.
Wendekreis	Der VW kann sich nicht drehen und wenden, wie er will. Bei Modellen ohne Servolenkung hängt der Wendekreis nämlich von der Armmuskulatur des Fahrers ab. Grob gilt: Der Radius ist umgekehrt proportional zur Kraft. Ist der Fahrer also wendig, so ist es der VW aber auch.

Werkstatt	Räumlichkeit. Sie dient zur Reparatur und Inspektion der VWs. Damit die Bastler keine Chance haben, sind VW-Werkstätten netzartig ausgebreitet. Es soll schon VW-Bastler gegeben haben, die sich bei der technischen Reparatur verfangen haben. Merke: Nur die VW-Werkstatt bietet alle passenden und speziellen Ersatzteile an, und Geld ist schließlich nicht so schmutzig wie die Hände eines Do-It-Yourself-Fachmannes.
Wertverlust	Unangenehmes Ereignis für einen VW-Besitzer, wenn sein Fahrzeug Wert verliert. Sieht man also mal VW-Fahrzeuge etwas ziellos durch die Gegend fahren, ist dies ein VW-Fahrer auf der Suche nach dem verlorenen Wert.
Westfalia	Aufschneider aus Rheda-Wiedenbrück, der sich des VW-Bullis und VW-Transporters annimmt. Nach dem Aufschneiden macht er aus einem Bulli einen Camping-Bus. 1952 begonnen mit einer Holzkiste fürs Picknick. 1992 kam als Krönung der California, der allerdings selten in Kalifornien reist.
Wiederverkauf	Erlösungszeitpunkt, manchmal für den Käufer, der endlich den richtigen VW gefunden hat, manchmal auch für den Verkäufer, der endlich seinen Wagen los geworden ist. Der Wiederverkauf eines VWs ist aufgrund seiner Beliebtheit im Volke meist kein Problem. Als Zahlungsmittel ist er eine starke Währung, und ein geschenkter VW wird auch von Enkelkindern noch gern in Empfang genommen, selbst wenn er schon etwas älter sein sollte.
Wiederverkaufswert	Größe der Finanzmathematik für Automobile, die einsetzt, wenn man einen VW verkaufen möchte. Ist bei VW sehr hoch, da auch der Anschaffungspreis hoch ist.
Wind	Physikalische Größe, die normalerweise von Automobilherstellern nicht geliebt wird, da sie Autos gerne von der Bahn wirft. Anders bei VW: Vento, Corrado, Scirocco und Passat sind nur einige markante Winde in VW-Diensten. Wann kommen der Taifun, Orkan, u. a.? So werden wohl die nächsten Modelle heißen!

Wendekreis

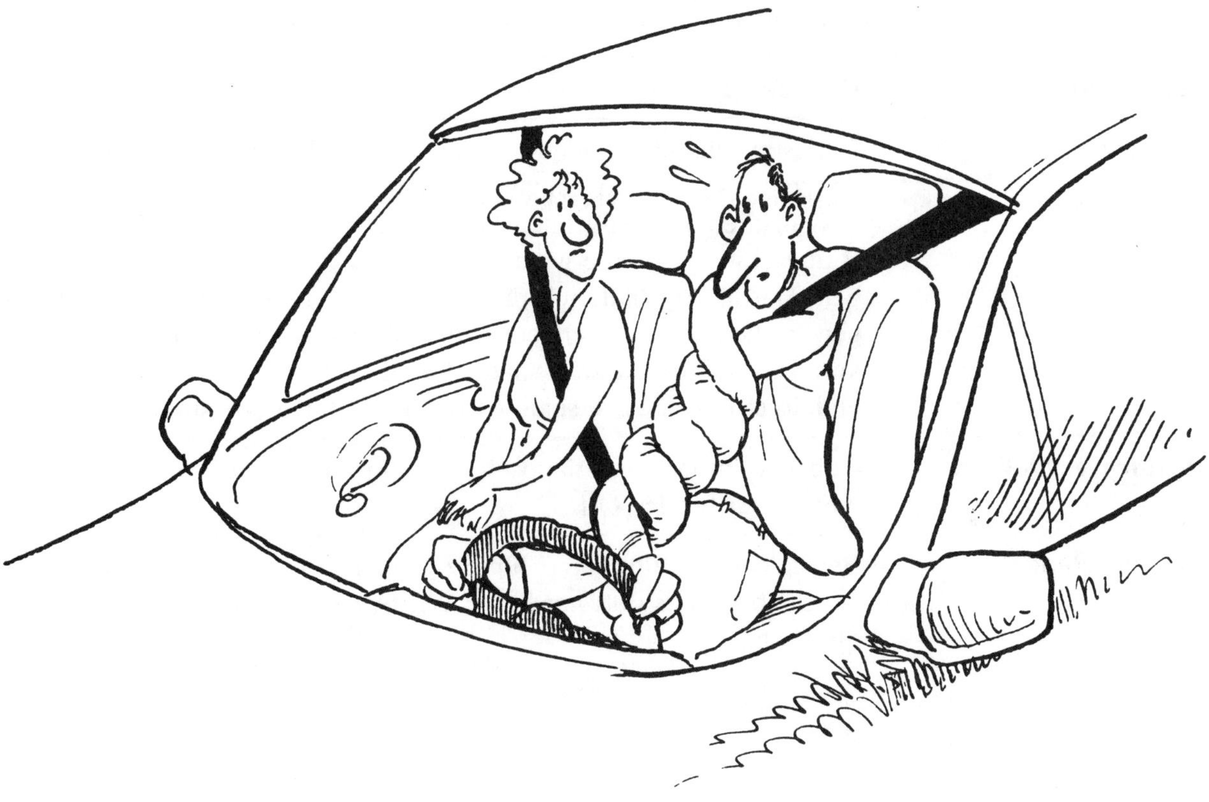

Winker	Liebevolles Detail an den ersten VW-Käfern. Die hatten an jeder Seite zwischen den beiden Fenstern tatsächlich einen mechanischen Fahrtrichtungsanzeiger (in Dachhöhe), der bei Betätigung in die gewünschte Richtung „winkte“.
Wirtschaftswunder	Wirtschaftsgeschichtliche Bezeichnung für die erfolgreiche wirtschaftliche Entwicklung der Bundesrepublik nach 1945. Der VW-Käfer war daran seit Mitte der 50er Jahre kräftig beteiligt. Er hat es mit ermöglicht und gleichzeitig auch davon profitiert.
Wischerblatt	Botanischer Ausdruck. Blatt eines Wolfsburger Gewächses.
Wolfsburg	1. Festung hundeartiger Raubtiere, die in Rudeln jagen. Ganze Horden von rasanten VWs entstammen diesem Ort. 2. Künstlich auf der grünen Wiese entstandene Stadt in der Nähe von Braunschweig. Wurde gebaut, um den VW-Arbeitern ein Nest zu geben. Hartnäckig hält sich die Legende, daß das damals als KdF-Wagen (siehe dort) bezeichnete Fahrzeug den Spitznamen Wölfchen bekommen sollte. Da sich später für den Wagen Käfer als Spitzname einbürgerte, war es zu spät, um die Stadt in Käfernest umzutaufen.
Wolfsburg, Schloß	Gebäude in der Sumpflandschaft in der Nähe von Braunschweig. Namensgeber für den Ort.
Wüstenzuschlag	Besondere Gehaltszulage für Bewohner von Wolfsburg und Umgebung, obwohl es dort gar keine Wüste gibt, sondern früher mal einen Sumpf gab.

Wirtschaftswunder
Ohne unseren sprichwörtlichen Fleiß wäre das alles nicht möglich gewesen!

Z

Zündkerzen

1. Kerzen, die gezündet werden. Die Elektrik des VWs zündet diese Kerzen nicht nur zu romantischen Stunden an. Versagt sie, so bekommt der Fahrer weniger nostalgische Stimmungen. Ohne intakte Zündkerzen kann er nicht ausfahren und muß zu Hause bei Kerzenschein sitzen bleiben.
2. Ausstattungsdetail eines VW für Notzeiten, wenn der Strom ausfällt. Dann wird das Fahrzeug mit den beiliegenden Kerzen gezündet. Für die An-Zündung der Kerzen muß der Besitzer weiterhin handelsübliche Streichhölzer erwerben.

Zulassungen

Amtliche Eintragung in eine Datei in Flensburg aufgrund einer technischen Überprüfung. Gilt bisher nur für die VW-Fahrzeuge. Planungen, auch für VW-Fahrer sollten Zulassungen für die Nutzung der VWs eingeführt werden, wurden wieder zurückgenommen.

1200

Zeitalter, in dem die gotische Baukunst entstand. Ist allerdings nicht Vorbild des 1200-Käfers gewesen, welcher eher barock anmutet und somit mehr dem Typ 1600 zuzuordnen wäre.

1200 Export

Modellbezeichnung eines niedrig-motorisierten Käfers, der für den Export gebaut wurde. Ähnlich dem Export-Bier, welches auch meist weniger Prozente als die original deutsche Ausführung enthält, dafür aber länger lagerfähig ist.

Zylinder

Kopfbedeckung, die für den VW-Fahrer ungeeignet ist, da die Höhe des VWs zwar die Unterbringung des Zylinders, aber nicht mehr seines Trägers erlaubt.

Zylinderwinkel

Architektonische Ecke von Herrenhäusern oder Villen in Wolfsburg, in die man seinen Zylinder(-hut) wirft.

Zylinderzahl

Ehemals gebräuchliche Maßeinheit für die Anzahl der Mitglieder im VW-Vorstand.

ISBN 3-8231-0564-7

ISBN 3-8231-0135-8

ISBN 3-8231-0543-4

ISBN 3-8231-0126-9

ISBN 3-8231-1022-5

ISBN 3-8231-0176-5

ISBN 3-8231-0166-8

ISBN 3-8231-0139-0

ISBN 3-8231-0082-3

ISBN 3-8231-0189-7

Fröh·li·che Wör·ter·bü·cher von A–Z

ISBN 3-8231-0116-1

ISBN 3-8231-1003-9

ISBN 3-8231-1002-0

ISBN 3-8231-0105-6

ISBN 3-8231-0138-2

ISBN 3-8231-1006-3

ISBN 3-8231-0096-3

ISBN 3-8231-0070-X

ISBN 3-8231-0095-5

ISBN 3-8231-0110-2

ISBN 3-8231-0110-2

ISBN 3-8231-0069-6

ISBN 3-8231-0162-5

ISBN 3-8231-0101-3

ISBN 3-8231-0190-0

ISBN 3-8231-0565-5

ISBN 3-8231-0120-X

ISBN 3-8231-0060-2

ISBN 3-8231-0137-4

ISBN 3-8231-0534-5

ISBN 3-8231-0152-8

ISBN 3-8231-0157-9

ISBN 3-8231-0079-3

ISBN 3-8231-0080-7

ISBN 3-8231-0114-5

ISBN 3-8231-0068-8

ISBN 3-8231-0113-7

ISBN 3-8231-0541-8

ISBN 3-8231-0544-2

ISBN 3-8231-1004-7

ISBN 3-8231-1005-5

ISBN 3-8231-1007-1

ISBN 3-8231-0107-2

ISBN 3-8231-0128-5

ISBN 3-8231-0191-9

ISBN 3-8231-0067-X

ISBN 3-8231-0112-9

ISBN 3-8231-0086-6

ISBN 3-8231-1021-7

ISBN 3-8231-0078-5

ISBN 3-8231-0542-6

ISBN 3-8231-0149-8

ISBN 3-8231-0548-5

Fröh·li·che Wör·ter·bü·cher von A–Z

ISBN 3-8231-0546-9

ISBN 3-8231-0167-6

ISBN 3-8231-1000-4

ISBN 3-8231-0077-7

ISBN 3-8231-0088-2

ISBN 3-8231-0129-3

ISBN 3-8231-1013-6

ISBN 3-8231-0143-9

ISBN 3-8231-1015-2

ISBN 3-8231-0098-X

ISBN 3-8231-0168-4

ISBN 3-8231-0119-6

ISBN 3-8231-0123-4

ISBN 3-8231-0134-X

ISBN 3-8231-1016-0

ISBN 3-8231-0650-3

ISBN 3-8231-0163-3

ISBN 3-8231-1008-X

ISBN 3-8231-0192-7

ISBN 3-8231-0076-9

ISBN 3-8231-0193-5

ISBN 3-8231-0164-1

ISBN 3-8231-0170-6

ISBN 3-8231-0124-2

ISBN 3-8231-0539-6

ISBN 3-8231-0066-1

ISBN 3-8231-0140-4

ISBN 3-8231-0194-3

ISBN 3-8231-0538-8

ISBN 3-8231-0091-2

ISBN 3-8231-0185-4

ISBN 3-8231-0153-6

ISBN 3-8231-0117-X

ISBN 3-8231-0566-3

ISBN 3-8231-0558-2

ISBN 3-8231-0568-X

ISBN 3-8231-0171-4

ISBN 3-8231-0065-3

ISBN 3-8231-0097-1

ISBN 3-8231-0572-8

ISBN 3-8231-0156-0

ISBN 3-8231-1009-8

Fröh·li·che Wör·ter·bü·cher von A–Z

ISBN 3-8231-0109-9

ISBN 3-8231-0175-7

ISBN 3-8231-0064-5

ISBN 3-8231-0567-1

ISBN 3-8231-0560-4

ISBN 3-8231-0535-3

ISBN 3-8231-0073-4

ISBN 3-8231-0537-X

ISBN 3-8231-0111-0

ISBN 3-8231-0561-2

ISBN 3-8231-0559-0

ISBN 3-8231-0536-1

ISBN 3-8231-0151-X

ISBN 3-8231-0130-7

ISBN 3-8231-1020-9

ISBN 3-8231-0158-7

ISBN 3-8231-0131-5

ISBN 3-8231-0530-2

ISBN 3-8231-0531-0

ISBN 3-8231-0141-2

ISBN 3-8231-0083-1

ISBN 3-8231-0150-1

ISBN 3-8231-0569-8

ISBN 3-8231-0145-5

ISBN 3-8231-0146-3

ISBN 3-8231-0115-3

ISBN 3-8231-0178-1

ISBN 3-8231-0118-8

ISBN 3-8231-1010-1

ISBN 3-8231-1011-X